SUSAN QUILLIAM

DER KLEINE LIEBESBERATER

Susan Quilliam

Der kleine Liebes Berater

Aus dem Englischen
von Susanne Dahmann

Marion von Schröder

Für Ian, der alles möglich macht – sogar Liebe

Lesen Sie dies, bevor Sie weiterlesen

Sie sahen aus, als wären sie zur Liebe geboren. John und Claire waren alte Freunde meiner Eltern. Und all die Zeit, in der ich sie kannte und während ich aufwuchs, schienen sie miteinander rundherum glücklich zu sein. Sie lachten über die Witze des anderen. Sie vollendeten die Sätze des anderen. Sie standen sich zur Seite durch seinen Konkurs und ihre Krankheit und den Tod eines ihrer Kinder.

Und nach so vielen Jahren zusammen sahen sie sich, wenn sie miteinander redeten, immer noch an und hörten wirklich zu. Ich lernte John und Claire etwas besser kennen, als ich Anfang zwanzig war. Meine Mutter lag im Sterben, und sie waren ein Teil der Brigade, die mich zum Krankenhaus hinbrachte und wieder abholte. Jedes Mal ging ich in Tränen aufgelöst durch den Park des Krankenhauses zu ihrem Auto zurück, und da saßen sie auf den vorderen Sitzen, Seite an Seite, und lasen ein Buch. Immer noch verliebt wie eh und je. So schien es jedenfalls.

Und dann starb meine Mutter. Bei der Beerdigung kam ich, völlig erschüttert, neben Claire zu sitzen. Wir sprachen darüber, wie mein Vater mit der Sache klarkäme, und ich sagte, dass wohl immer, wenn einer stirbt, der Partner am Boden zerstört ist. Sie sah mich von der Seite an und sagte dann: »Zu Beginn unserer Ehe wäre ich das nicht gewesen.«

Ich schluckte. Was sagt man bloß, wenn jemand so nebenbei einfließen lässt, dass seine Beziehung keineswegs immer perfekt war? Aber ich wollte die Geschichte hören. Und sie wollte sie mir erzählen, und so begann sie: Bei ihrer Heirat und in der ersten Zeit ihres Zusammenlebens waren sie bis über beide Ohren verliebt. Doch ziemlich bald fing sie an, sich jeden Abend in den Schlaf zu weinen. Im ersten Jahr weckte ihr lautstarker Streit fast jede Nacht die Nachbarn. Sex war für anderthalb Jahre fast ganz aus ihrem Leben verschwunden, und sie bedrohten einander regelmäßig mit dem Wort »Scheidung«. Doch nach und nach wurde es besser. Manchmal tat es ganze Wochen lang nicht mehr weh. Sie stritten weniger, und sie redeten mehr miteinander. Sie schliefen wieder miteinander. Und so ging es weiter, bis sie die Beziehung erreicht hatten, die ich gesehen hatte.

Aber wie kam das? Wie war die Veränderung geschehen? Claire sagte: »Am Anfang wollten wir einander, aber wir liebten uns eigentlich nicht wirklich. Das war schwer, und es ist immer noch oft sehr hart. Doch im Laufe der Jahre haben wir, ja, einfach … gelernt, einander zu lieben.«

Das leuchtete mir sofort ein. Zu lernen, den anderen zu lieben, das ist so ziemlich allem entgegengesetzt, was wir heutzutage hören – für uns ist Liebe ein plötzlicher Ausbruch von Gefühlen, die einen automatisch bis zum Happyend tragen. Doch die Wirklichkeit sieht anders aus.

Denn ich muss selbst sagen, obwohl mein Leben voll von großartigen Beziehungen ist – vor allem einer wunderbaren Ehe –, war es doch oft ein Kampf herauszufinden, was ich will und was mein Partner will. Auch zu geben und nicht nur zu nehmen. Meinen Partner weiterhin zu lieben, auch wenn ich ihn mal hasse.

Und das geht nicht nur mir so. Jede Woche bekomme ich Briefe von Menschen, die wissen wollen, wie sie ihre Beziehungen besser gestalten können. Ich spreche mit Freunden, Kollegen und auch mit Fremden, die mir irgendwo begegnen, die zwar glücklich sind, aber noch mehr als das wollen.

Der Fehler liegt nicht bei uns. Wir verlangen heute viel von der Liebe, noch mehr als damals, als John und Claire heirateten. Wir erwarten, einander Partner und Liebhaber, Liebster und bester Freund zu sein – und das ein ganzes Leben lang. Und dann glauben wir noch, dass wir das alles instinktiv leisten können. Wenn nicht, dann fühlen wir uns wie Versager, weil Liebe heutzutage als leicht, easy und locker angesehen wird.

Es ist an der Zeit, sich einzugestehen, dass Liebe eben nicht leicht ist, dass sie uns nicht einfach so zufliegt. Und das obwohl wir verzweifelt daran arbeiten, auch wenn uns niemand erklärt, wie man das denn bewerkstelligen soll. Keiner sagt uns die grundlegende, manchmal harte Wahrheit über Beziehungen. Keiner zeigt uns, wie man eine funktionierende Liebe lebt.

Ich möchte Ihnen mit meinem Buch helfen. Es sagt Ihnen, was Sie wissen müssen und was Sie in den meist wohl bekannten

Situationen Ihrer Beziehung tun müssen. Es hält Geschichten, Lektionen und Einsichten bereit, die die Liebe, das Leben und vor allem viele Paare schrieben, die auf hartem Wege gelernt haben, wie sie ihre Beziehung zum Funktionieren bringen konnten.

Vieles, was Sie hier lesen, wird Ihnen vielleicht schwer und unidealistisch vorkommen. Das ist so. Es geht um wirkliche Grundsätze über die wirkliche Liebe in der rauen Welt von heute – keine romantischen Visionen, keine Beschönigungen. Wenn Sie diese Ideen mitnehmen und sie benutzen, dann wird es Ihnen auch gelingen können, Liebe entstehen zu lassen.

Denn ich glaube wirklich, dass, egal was immer gesagt wird, ganz normale Menschen wie John und Claire eine außergewöhnliche Beziehung schaffen können. Wir alle wollen solche Beziehungen. Wir verdienen sie. Und der Grund, warum es uns so schwer fällt, sie zu erlangen, ist nicht, dass irgendetwas an uns falsch oder schlecht ist. Der Grund ist, dass wir nie gelernt haben, wie man das anstellt. Wenn man uns erst einmal zeigt, wie man liebt, dann werden wir auch dazu imstande sein, es zu leben.

Eine einfache Wahrheit über die Liebe

Nummer 1

Wenn Sie beide zurzeit die Liebe als Herausforderung empfinden.
Wenn alles nicht mehr so aufregend ist, wie es einmal war.
Wenn alles nicht mehr so einfach ist, wie es einmal war.
Dann ist das großartig.

Es bedeutet, dass Sie dabei sind, die echten Probleme anzugehen.
Sie sind auf dem besten Wege, wirkliche Liebe zu erfahren.

Lesen Sie dies, wenn die erste Verliebtheit nachlässt

Als ich das erste Mal zu einer Pantomime ging, war das der beste und zugleich der schlimmste Tag meiner Kindheit. Ich war sieben Jahre alt, und eine Tante von mir hatte einen Ausflug für alle ihre Nichten und Neffen organisiert, elf aufgeweckte Kinder. Als der Vorhang aufging, brach ich in Tränen aus. Nicht Tränen der Trauer, sondern der nervösen Freude. Es war mein erster Theaterbesuch, und noch nie in meinem Leben hatte ich etwas Vergleichbares erlebt. Das Licht, das sich ständig verändernde Bühnenbild, die glitzernden Kostüme, die Musik, die Tänze, die Welt, die besser als perfekt war. Zwei Stunden lang saß ich da, hielt die Luft an und nahm nichts wahr außer den Dingen, die auf der Bühne geschahen. Und dann fiel der Vorhang, und wir klatschten und klatschten, und dann zogen wir unsere Mäntel an und verließen fröhlich das Theater.

Als wir uns durch die Türen hinaus auf die winterlichen, regennassen Straßen von Liverpool drängten, brach ich wieder in Tränen aus. Ich wollte, dass die Vorstellung immer weitergehen sollte. Ich wollte das Theater niemals wieder verlassen. Und auf keinen Fall wollte ich ins wirkliche Leben zurückkehren. In jeder Beziehung gibt es einen Moment, wenn man aus dem Theater und in den Regen kommt. Das ist die erste große Krise, und die kann Sie stärken oder zerbrechen lassen. Und es ist die erste große Erkenntnis, die Sie brauchen, um fähig zu sein zu lieben.

Nach ein paar Monaten … oder nach der Hochzeitsreise … oder während eines ernsten Streits … oder vielleicht das erste Mal, wo Sie Ihren Partner als einen Menschen erkennen, der auch Fehler machen kann, da wird das, was glitzernd und glänzend und aufregend und wundervoll war, plötzlich alltäglich, gewöhnlich und normal. Was eben noch absolut perfekt und voller geheimer Möglichkeiten war, wird zu etwas, das seine Herausforderungen, seine Begrenzungen und seine Probleme hat.

Was Ihnen an diesem Punkt wahrscheinlich noch niemand gesagt hat, ist, dass das völlig normal ist. Verfallen Sie nicht in Panik. Die erste Begeisterung flaut ab, denn wie jedes andere Theaterstück hat sie mit der Wirklichkeit nichts zu tun. Und das kann sich dann ein wenig so anfühlen, als würde man sterben. Denn als Sie sich in Ihren Partner verliebten, war er ein Gott für Sie, während er in Wirklichkeit nur ein einfacher Mensch ist. Als Sie das erste Mal mit Ihrem Partner Sex hatten, dachten Sie, dass es von jetzt an jeden Tag Ekstase bedeuten würde, während es in Wirklichkeit manchmal ganz nett und manchmal einfach ermüdend ist. Und ja, in den ersten Monaten meinten Sie, Ihre Beziehung sei die Antwort auf alle Probleme, die Sie je hatten, während sie in Wirklichkeit eine ganze Menge neuer extrem komplizierter Fragen mit sich bringt.

Das ist die erste Erkenntnis. Die zweite ist: Es ist möglich, zu einer neuen Art der Beziehung vorzudringen, um auf den Grundsteinen der alten Spannung eine stärkere, tiefere und am Ende bessere Liebe aufzubauen. Es ist möglich, die euphorischen Höhepunkte in eine konstante Übereinstimmung zu verwandeln und aus einem Gefühl der Möglichkeit eine Gewissheit zu machen, die Sie durchs Leben begleitet. Und Sie können Ihre Beziehung nicht nur dazu benutzen, einander glücklich zu machen, sondern auch, selbst erfolgreich und erfüllt zu sein und die besten Partner und die besten Menschen zu werden, die Sie sein können.

Aber Sie brauchen dazu Mut. Ganz gleich, ob Sie diese Verwandlung jetzt durchleben, sie noch vor sich haben oder darauf zurückschauen. Am Ende müssen Sie Ihren Partner ansehen und einen anderen gewöhnlichen Menschen in ihm erkennen. Sie werden Ihre Beziehung betrachten und das wirkliche Leben sehen.

Und dann werden Sie anfangen müssen, lieben zu lernen.

Hier sind vier Dinge, die Sie sich selbst sagen können, wenn die Spannung nachlässt:

♡ Erste Leidenschaft ist wie eine Droge, sowohl biologisch als auch seelisch. Es macht uns vielleicht Spaß, davon abhängig zu sein, doch auf lange Sicht wird ihr Effekt nachlassen.

♡ Das spürt jeder irgendwann einmal. Es heißt nicht, dass wir gescheitert sind oder dass wir uns trennen müssen.

♡ Wir können es schaffen. Die Tatsache, dass wir es bis hierher geschafft haben, zeigt, dass wir auch weitergehen und noch mehr gewinnen können.

♡ Das hier ist das Ende der ersten Verliebtheit. Doch es kann der Anfang einer lebenslangen Liebe sein.

Eine einfache Wahrheit über die Liebe

NUMMER 2

Zu Beginn einer Liebe sind Ihre Bedürfnisse stark,
aber oberflächlich.
Aufregung. Aufmerksamkeit. Romantik. Sex.
Wenn die Liebe wirklich und dauerhaft wird, beginnen Sie,
tiefer liegende Bedürfnisse zu erfüllen.
Sicherheit. Zustimmung. Akzeptanz. Kooperation. Erfüllung.
Diese Bedürfnisse sind entscheidend. Sie verändern den Menschen.
Und sie sind unglaublich schwer zu erfüllen.
Deshalb kann die Liebe, wenn sie sich richtig entwickelt, Sie
ungeheuer glücklich machen.
Und wenn die Liebe sich falsch entwickelt, dann kann sie Sie
zerbrechen.

Lesen Sie dies, wenn Sie sich in Ihrer Liebe nicht sicher fühlen

16 Mein Nachbar war immer ein ängstlicher Mensch, doch nachdem er sich zur Ruhe gesetzt hatte, wurde er richtig paranoid. Er hatte vier verschiedene Schlösser und Ketten an der Eingangstür und drei an der Hintertür. Trotzdem hatte mein Nachbar immer noch Angst. Er fürchtete sich so sehr davor, dass bei ihm eingebrochen werden könnte, dass er gar nicht mehr ausging und von nahezu allen Dingen im Leben, die ihm ein klein wenig Freude machen könnten, Abstand nahm. Am Ende lebte er sicher und wohl behütet in seiner Festung von einem Haus, bis er in hohem Alter starb. Doch seine fast letzten Worte zu mir waren: »Es könnte ja was passieren.«

Ich mache mich nicht über ihn lustig. Er hatte absolut Recht. Es könnte ja was passieren. Es gibt Einbrecher und Betrüger, und jede Nacht geschehen viele schlimme Sachen. Und nichts ist erschreckender als die Furcht, seine Liebe zu verlieren. Und hier die schlechte Nachricht: Es könnte passieren.

Vor allem, wenn die erste Verliebtheit nachlässt und die Herausforderungen kommen, dann wird es Zeiten geben, in denen Ihre Beziehung in ihren Grundfesten erschüttert wird. Wenn das Leben Ihnen übel mitspielt, und wenn Sie nicht mehr im Zentrum gegenseitiger Aufmerksamkeit stehen. Wenn Sie anfangen, einander übel mitzuspielen, und wenn Ihr Bekenntnis zum anderen ins Wanken gerät.

Wenn uns das bewusst wird, fangen viele von uns an, ihre Liebe zu sehr zu beschützen. Wie mein Nachbar verriegeln wir die Türen. Und wie er schließen auch wir damit das richtige Leben aus. Wir fürchten uns und quälen uns mit der Frage, ob diese erste Verliebtheit Bestand haben wird – und wenn sie das nicht tut, glauben wir, alles sei verloren. Wir zäunen unsere Beziehung mit Forderungen und Grenzen ein und sind dann erstaunt, wenn unser Partner auszubrechen versucht. Wir hören uns die ernst gemeinten Versprechungen unseres Partners an, stellen sie tausendmal auf die Probe und wundern uns dann, dass sich unsere Beziehung selbst zerstört. Oder wir tun einfach alles, um unsere Beziehung am Laufen zu halten, und sind dann überrascht, wenn uns unser Partner für selbstverständlich nimmt.

Wenn Sie Ihre Zeit damit verbringen, sich darum zu sorgen, dass Ihre Beziehung scheitern könnte, dann sind Sie ironischerweise auf dem besten Weg, sie zum Scheitern zu bringen. Und selbst wenn Sie sie nicht zerstören, tun Sie damit doch alles, ihr Potenzial von Anfang an zu erdrücken.

Denn wenn Sie sich eine gute Beziehung wünschen und einfach leben wollen, dann ist es besser, ein Gefühl der Sicherheit von innen entstehen zu lassen, anstatt von außen Riegel vorzulegen.

Dabei wird es für Sie hilfreich sein, sich diese drei Dinge immer wieder klar zu machen:

♡ Die Liebe wird sich verändern, und aus guten Zeiten werden schlechte Zeiten werden. Doch fast immer werden daraus auch wieder gute Zeiten erwachsen. Und wenn Sie Ihre Beziehung stark machen, dann werden Sie das überstehen.

♡ Ihr Partner wird sich verändern, er wird Ihnen gegenüber manchmal so seltsame Gefühle entwickeln, dass es wehtun wird, und zu anderen Zeiten wieder wird das, was er für Sie fühlt, herzlich sein, aber er wird es im Hintergrund verborgen halten. Und dann wird er Sie manchmal einfach hassen. Doch wenn Sie es zulassen können, dass die Liebe manchmal etwas weniger wird, ohne dabei in Panik zu verfallen, dann wird sie auch wieder stärker.

♡ Wenn Ihr Partner Sie tatsächlich verlassen würde, würde Sie das wahrscheinlich fertig machen. Ja, es würde wehtun. Aber die meisten Menschen, die eine Trennung erleiden, erholen sich innerhalb von sechs Monaten davon. Sehr wahrscheinlich wird es Ihnen genauso gehen. Sie haben mehr Kraft, als Sie wissen.

Vielleicht haben Sie das Gefühl, Ihre Beziehung in Gefahr zu bringen, wenn Sie sich vorstellen, wie es wäre, ohne Ihren Partner zu leben.

Doch indem Sie glauben, ohne diese Beziehung nicht leben zu können, gefährden Sie sie viel mehr.

Lesen Sie dies,
wenn Sie etwas mehr Selbstvertrauen brauchen

Wenn Sie etwas mehr Sicherheit darüber brauchen, dass Sie es schaffen können, Ihre Beziehung zum Funktionieren zu bringen, machen Sie sich Folgendes klar: Sie sind zwar in Ihrer Beziehung zu zweit, doch schon einer von Ihnen kann alles verändern.

Das haben Sie wahrscheinlich schon erlebt. Es hat Zeiten gegeben, wenn nur einer von Ihnen etwas gesagt oder getan hat, das Sie beide völlig aus der Bahn geworfen oder wütend gemacht hat. Oder es hat Zeiten gegeben, wenn nur einer von Ihnen alles verändert hat. Ein Wort, ein Blick, ein Kuss, eine Umarmung – oder kontinuierliche Unterstützung und Liebe. Einer von Ihnen hat Unfrieden verursacht oder die Initiative ergriffen. Und das hat alles verändert.

In diesem Moment liegt die Macht, Ihre Beziehung zu verändern, bei Ihnen. Nicht weil Sie in Ihrer Beziehung allein wichtig sind, sondern weil Sie diejenige sind, die Energie, Vertrauen und Enthusiasmus einbringt und – vor allem als Frau – ein tiefes Wissen über Gefühle und Beziehungen und den Umgang damit.

Ihr Partner wird vielleicht über alles, was Sie vorschlagen werden, froh sein, und nach einiger Zeit wird auch er seine Energie zu Ihren Bemühungen beisteuern können. Also gehen Sie den ersten Schritt. Sie müssen nicht darauf warten, dass Ihr Partner sich verändert. Sie können alles möglich machen, wenn Sie es nur wollen. Und Sie können auch die Richtung bestimmen. Man hat festgestellt, dass, wenn zwei Menschen einander nahe stehen und einer von ihnen sein Verhalten verändert, der andere ihm ganz natürlich folgt. So erstaunlich Ihnen das auch erscheinen mag – wenn Sie sich verändern, dann wird es auch Ihr Partner tun, und Ihre Beziehung ebenso …

Außerdem können Sie diese Veränderung positiv und mit wenig oder gar ohne Schmerzen durchführen. Sie müssen nicht versuchen, Ihre Beziehung funktionieren zu lassen, indem Sie die reine Macht der Gefühle anwenden. Sie können Ihre Intelligenz, Ihre Fähigkeiten und Ihre Verbundenheit miteinander benutzen, um leicht und ohne Mühe Ihre Ziele zu erreichen.

Möglicherweise werden Sie Unsicherheit verspüren, wenn Ihnen klar wird, dass die Verantwortung bei Ihnen liegt. Aber gibt es Ihnen nicht auch ein gutes Gefühl, dass es auch in Ihrer Verantwortung liegt, die Dinge jetzt wirklich in Bewegung zu bringen?

Lesen Sie dies, wenn Sie eine solide Basis schaffen wollen

Die meisten von Ihnen werden Paul McCartney und seine Frau Linda kennen und von Lindas tragischem Krebstod 1998 wissen. Als sie sich kennen lernten, versprachen sie einander: »Ich werde dich niemals im Stich lassen.« Diesem Versprechen blieben sie ihre ganzen gemeinsamen Jahre hindurch treu. Das bedeutete nicht nur, dass Paul und Linda sich niemals gegenseitig durch Kritik, Schuldzuweisungen oder Streit den Boden unter den Füßen wegzogen. Es bedeutete vor allem, dass sie dem anderen immer Sicherheit gaben, dass sie einander verteidigten, und versorgten und durch das Leben begleiteten. Das ist sehr wichtig.

Natürlich kann man den anderen nicht vor allem schützen, was die Welt für einen bereithält. Die McCartneys konnten sich nicht vor Kritik durch die Medien schützen oder vor den Höhen und Tiefen ihres Alltags. Und obwohl Paul neben Linda auf ihrem Sterbebett lag und sie fest umarmte, damit sie keine Angst mehr hatte, konnte er schließlich nicht verhindern, dass sie an Krebs starb.

Doch was Linda und Paul tun konnten, war, einander grundlegende Sicherheit zu geben. Weiter miteinander umzugehen, auch wenn die Versuchung groß war, sich zurückzuziehen. Seine Gefühle weiter einzubringen, auch wenn es anfing wehzutun. Weiter zu kommunizieren, auch wenn man versucht war, einander durch Schweigen zu reizen. Weiter aneinander festhalten, auch wenn es einfacher schien, seine Macht auszuspielen durch die Drohung, den anderen zu verlassen.

Paul und Linda wussten, dass diese Art von Sicherheit ihnen den Raum gab, einander wirklich zu lieben. So konnten sie ihre

Beziehung ehrlich erleben, ohne Angst haben zu müssen, dass der andere weglaufen oder sich abwenden würde. Sie konnten sich als Individuen entwickeln, weil sie eine solide Basis partnerschaftlicher Sicherheit besaßen.

Wenn Sie Ihrem Partner und Ihrer Beziehung eine gute Basis verschaffen wollen, dann fangen Sie damit an, indem Sie so viel Sicherheit wie möglich schenken. Wann immer es geht …

♡ … ziehen Sie sich nie im Gespräch zurück oder hören Sie nie auf zu reden. Erhalten Sie die Verbindung aufrecht.

♡ … ziehen Sie sich nie körperlich zurück. Wenn Sie keinen Sex wollen, bieten Sie Kuscheln und Zärtlichkeiten an.

♡ … ziehen Sie sich nie gefühlsmäßig zurück. Wenn Sie das Gefühl haben, voneinander entfernt zu sein, gehen Sie wieder aufeinander zu.

♡ … benutzen Sie nie die Drohung, den anderen zu verlassen, als Waffe. Wenn Sie gehen müssen, dann gehen Sie. Wenn nicht, dann drohen Sie nicht damit, um etwas anderes zu bekommen.

♡ … lassen Sie Ihren Partner nie fallen.

Eine einfache Wahrheit über die Liebe

Nummer 3

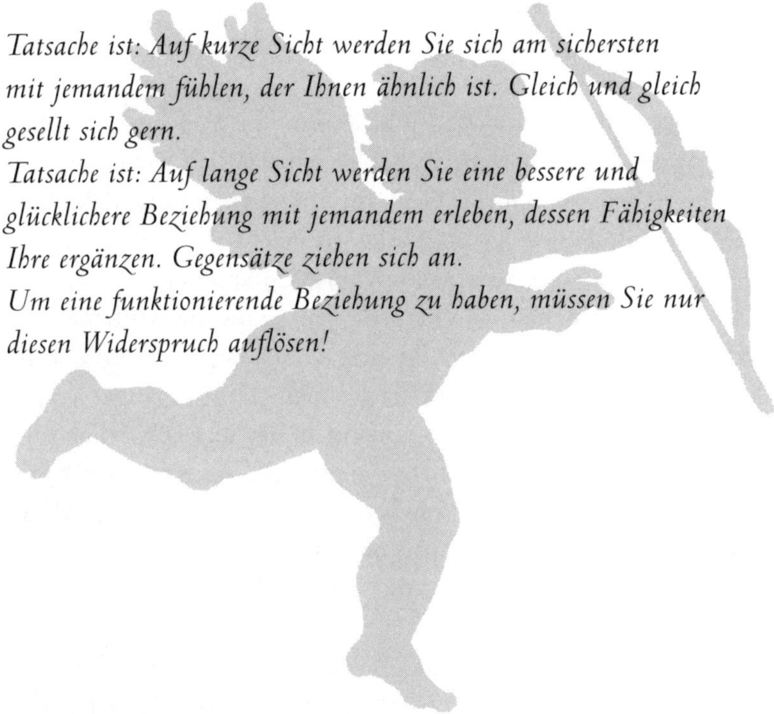

Tatsache ist: Auf kurze Sicht werden Sie sich am sichersten mit jemandem fühlen, der Ihnen ähnlich ist. Gleich und gleich gesellt sich gern.
Tatsache ist: Auf lange Sicht werden Sie eine bessere und glücklichere Beziehung mit jemandem erleben, dessen Fähigkeiten Ihre ergänzen. Gegensätze ziehen sich an.
Um eine funktionierende Beziehung zu haben, müssen Sie nur diesen Widerspruch auflösen!

Lesen Sie dies, wenn Sie wünschen, dass er etwas mehr wie Sie wäre

24 Manchmal, wenn ich durch das Fernsehprogramm zappe, gerate ich für ein paar Minuten in einen Horrorfilm. Irgendein mordendes Volk von Aliens infiltriert unsere menschlichen Körper und macht uns zu Klonen. Alle sind plötzlich gleich. Repliken. Marschieren mit gleicher Schrittlänge in eine erschreckende Zukunft. Grusel!

Warum wollen wir bloß, wenn es um die Liebe geht, unbedingt einen Klon? Am liebsten hätten wir nämlich jemanden, der genauso ist wie wir – im Denken, im Sprechen, im Handeln. Der die Welt so sieht wie wir und alles so macht wie wir. Denn wir glauben, so müsse es sein. Wenn es nach uns ginge.

Aber alle Menschen sind verschieden. Jedes menschliche Wesen ist anders aufgewachsen, ist eine einzigartige Persönlichkeit. Das heißt, dass unsere Suche nach einem Doppelgänger vergebens ist. Wir finden vielleicht jemanden, der uns körperlich und geistig anregt, und die Unterschiede spielen zunächst keine Rolle. Und auch wenn sie von Bedeutung sind, fühlt sich diese Person zu uns hingezogen, mag uns. Also fühlen wir uns sicher, glücklich, alles in Ordnung. Wir haben also doch noch einen Klon gefunden.

Und dann fangen nach einer Weile die Unterschiede an, sich bemerkbar zu machen. Wir machen eine Sache so, der Partner macht sie anders. Wir sehen nicht alles gleich. Wir treffen unterschiedliche Entscheidungen. Wir haben einen unterschiedlichen Geschmack. Wir reagieren sogar unterschiedlich auf die grundlegenden Freuden und Leiden des Lebens.

Wenn wir nebeneinander stehen und eine romantische Flusslandschaft anschauen, dann sieht der eine von uns das Mondlicht, das sich auf dem Wasser spiegelt, während der andere die exakten technischen Daten der Segel des dritten Bootes von links resümiert.

Ihr Partner versteht Sie nicht, und das tut weh. Es tut weh, weil Sie dadurch die Botschaft erhalten, auf dem falschen Weg zu sein und selbst falsch zu sein. Oder: dass Ihr Partner falsch ist, und dass es somit falsch von Ihnen ist, bei ihm zu bleiben. Also müssen Sie sich entweder seinem Ansatz fügen oder Ihren eigenen durchsetzen.

Doch man kann das alles auch anders sehen. Versuchen Sie, die Verschiedenheit nicht als Problem anzusehen, sondern als Möglichkeit. Wenn Sie das tun, dann werden die unterschiedlichen Ansichten in Ihrer Beziehung Ihnen keine Angst mehr machen und Sie werden sich – ebenso wie Ihr Partner – nicht mehr bedroht fühlen. Ihre Unterschiedlichkeit bedeutet wahrscheinlich nicht, dass einer von Ihnen falsch liegt, sondern dass Sie beide Recht haben.

Vielleicht meinen Sie jetzt, dass bei zwei Möglichkeiten, zu denken, zu handeln und zu fühlen, eine zu kurz kommen wird.

Doch das hier ist keine Frage von Entweder-oder. Fast immer, wenn Sie und Ihr Partner unterschiedlicher Ansicht sind, sind beide Wege gangbar. Wenn das nicht der Fall wäre, dann hätten Sie nicht über so viele Jahre hinweg diese beiden Wege gehen können. Ihr Weg ist der richtige, und der Ihres Partners ebenso. Gemeinsam haben Sie sozusagen doppelt Recht. Ihre Unterschiedlichkeiten sind vielleicht keine Einschränkung, sondern eine Ausweitung Ihrer Möglichkeiten.

Es kann der Eindruck entstehen, als würde ein jeder von Ihnen beiden von dem anderen verlangen, sich zu verändern, anders zu sein, die Dinge anders anzugehen. Aber Sie müssen nicht alles so machen wie Ihr Partner – ebenso wenig, wie er alles so machen muss wie Sie. Sie können beide so bleiben, wie Sie sind.

Und dann – das ist die gute Nachricht – können Sie sich etwas vom anderen abschauen, können etwas von seinen Strategien den Ihren hinzufügen, um Ihr Repertoire zu vergrößern. Vielleicht ist er ein Partylöwe, dann können Sie von ihm lernen, gesellig zu sein, wenn Sie das gern wären. Und sind Sie gern allein, dann kann er von Ihnen lernen, wie man sich selbst genug sein kann, wenn er das möchte. Ihre Verschiedenheit heißt nicht, dass Sie wetteifern müssen, sondern dass Sie ausgleichen können.

Wenn Sie Ihre Unterschiede so betrachten, dann können Sie sich das Leben leichter machen, denn Sie ergänzen einander. Wo einer von Ihnen Schwächen zeigt, liegen vielleicht die Stärken des anderen. Es gibt einen sehr guten Grund, warum Sie und Ihr Partner nicht genau gleich sind, warum Sie keine Klone sind: Gleichheit erzeugt Schwächen. Aber Verschiedenheit erzeugt Stärke, Kraft und Fähigkeiten.

Wenn Sie sich also das nächste Mal wünschen, Ihr Partner wäre mehr wie Sie, dann ärgern Sie sich nicht. Seien Sie dankbar. Er ist kein Klon.

Lesen Sie dies, wenn die Unterschiede schmerzen

Wenn Sie und Ihr Partner Ihre Verschiedenheit als echtes Problem empfinden, wenn Sie einander auf die Palme bringen und sich die Schuld zuschieben, wenn Sie über eine unterschiedliche Weltsicht streiten, wenn die Unterschiede wehtun, dann müssen Sie aktiv beginnen, Ihre Eckpunkte zu verbinden.Versuchen Sie, die Erfahrungen des anderen zu verstehen. Kümmern Sie sich um die Probleme des anderen. Bringen Sie Ihre unterschiedlichen Perspektiven zusammen.

Hier ein Beispiel, das zwei Freunde mir erzählten. Es ist einfach, erklärt aber ganz gut, was ich meine. Die beiden besitzen ein reetgedecktes Cottage – kein Ort, an dem man unbedingt ein Feuer erleben möchte. Als die beiden eingezogen waren, führten sie endlose Kämpfe um die Rauchmelder, von denen es vier Stück gibt. Er installierte sie. Dann kam sie, möblierte um oder machte sauber und stellte die Apparate woandershin. Nachdem sie das getan hatte, setzte er sie wieder an den alten Platz. Und so weiter.

Die beiden behaupten, es habe Jahre des Tauziehens um diese Kleinigkeit gegeben, ehe einer von ihnen auf die Idee kam zu fragen: »Warum tust du das?« Und sie musste feststellen, dass er gute Gründe für sein Tun hatte, denn Rauchmelder arbeiten einfach nur an bestimmten Stellen. Er hingegen musste feststellen, dass sie nichts über Rauchentwicklung wusste und deshalb seine Beweggründe nicht kennen konnte.

Wenn einer von Ihnen auf den anderen wütend wird – vielleicht über so kleine Dinge wie Rauchmelder oder so große Dinge wie Kindererziehung –, dann liegt das wahrscheinlich daran, dass Sie verschieden sind und dass Sie den anderen noch nicht verstanden haben. Wenn Sie Fragen stellen können, um ein Verstehen zu befördern, dann wird alles gleich leichter werden.

Es wird Ihnen helfen, Ihre Unterschiede zu erklären, und wenn etwas erklärt und beim Namen genannt wird, verliert es seinen Schrecken. Also, verteidigen Sie Ihren Ansatz nicht, greifen Sie Ihren Partner nicht an und bemühen Sie sich auch nicht, sich für das, was Sie tun, zu entschuldigen. Erklären Sie stattdessen ruhig und deutlich, was Sie tun – und Sie werden sehen, dass er den Dingen viel offener gegenüberstehen wird.

Ebenso hilfreich ist es, Unterschiede zu erforschen. Wenn Sie böse sind, weil Ihr Partner etwas anders tut als Sie, versuchen

Sie herauszufinden, welche Denkungsart dahinter steckt. Die folgenden fünf Fragen werden Ihnen dabei helfen:

- ♡ Was – Was ist der Grund für dein Handeln?
- ♡ Wo – Wo hast du gelernt, das so zu tun?
- ♡ Wann – Wann ist dir klar geworden, dass das die richtige Art ist, so zu handeln?
- ♡ Wer – Wer hat es dir gezeigt?
- ♡ Wie – Wie kommt es, dass du es so tust?

Das wird Ihnen auch dabei helfen, Ihre Unterschiedlichkeit schätzen zu lernen. Viel Ärger entsteht, weil die Leute das Gefühl haben, sich verteidigen zu müssen. Sie meinen, falsch zu liegen, wenn Sie etwas anders machen. Wenn Sie hingegen das Gefühl haben, dass Ihre Art, etwas zu tun, geschätzt wird, dann verschwinden die schlechten Gefühle und damit auch der Anlass für einen Streit. Sagen Sie Ihrem Partner also, was an seinem Anderssein Ihnen gefällt, und ermuntern Sie ihn, auch Ihnen gegenüber offen zu sein.

Vergessen Sie nicht, dass das, was Sie tun, Ihren Partner immer betreffen wird. Deshalb lautet die Grundregel: Je mehr Sie die Beweggründe seines Handelns verstehen, desto mehr wird er die Ihren verstehen. Je mehr Sie einander verstehen, desto mehr werden Sie auch verstehen wollen.

Eine einfache Wahrheit über die Liebe

NUMMER 4

Es gibt nur eins, was noch schlimmer ist, als ärgerlich darüber zu sein, dass Ihr Partner so anders ist als Sie. Und das ist zu begreifen, dass er ebenso ärgerlich darüber ist, dass Sie so anders sind.

Es gibt nur eine Sache, die besser ist, als sich darüber zu freuen, dass Ihr Partner so anders ist als Sie. Und das ist, wenn Sie sich gegenseitig sagen, wie sehr Sie sich an Ihrer individuellen Unterschiedlichkeit erfreuen.

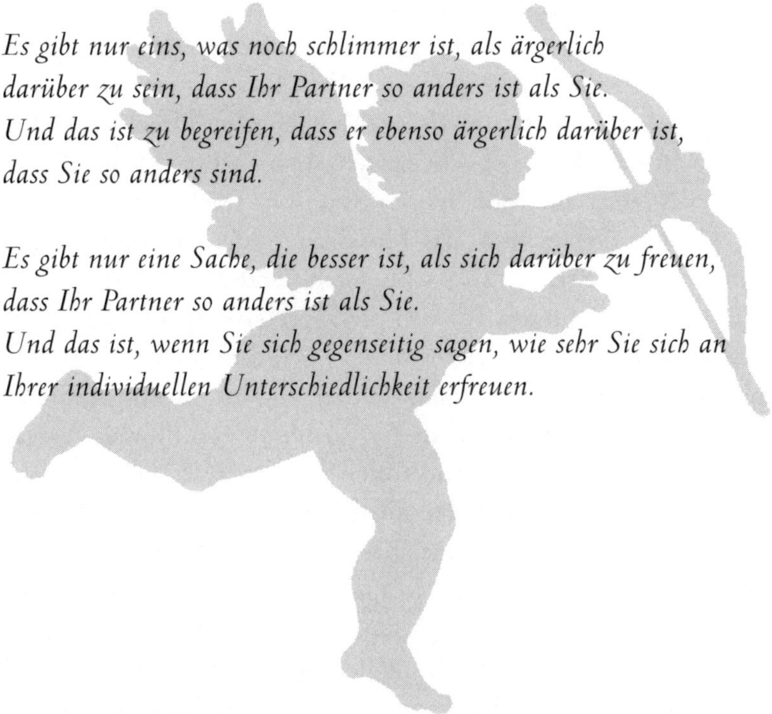

Lesen Sie dies, wenn Sie versucht sind, Ihren Partner herunterzuputzen

32 Jannie und ihr Freund waren seit dreieinhalb Monaten zusammen, als sie beschlossen, zusammen Ferien zu machen. Es war ihr erster gemeinsamer Urlaub, und sie wollten durch Italien fahren und alle ihre Lieblingsorte besuchen. Ein Traumurlaub.

Abgesehen vom täglichen Alptraum. Jeden Abend mussten sie nach einem heißen und anstrengenden Tag, den sie mit Sightseeing verbracht hatten, zu dem jeweiligen Ort fahren, wo sie für die Nacht ein Hotel gebucht hatten. Also suchten sie die Autobahn, wo meist auf fünf Spuren Stau war. Dann verpassten sie die Abfahrt. Versuchten, das Hotel zu finden. Verfuhren sich. Wurden sauer. Stritten sich schließlich. Und dann dauerte es bis zum nächsten Morgen, bis sich die aggressive Stimmung gelegt hatte. Wenn man sie heute erzählen hört, dann haben sie in den meisten Orten in Mittelitalien schweigend zu Abend gegessen.

Dann eines Tages, als sie in der Rushhour von Florenz festsaßen und Jannie das Steuerrad voller Wut fest umklammert hielt, sah sie zur Seite zu Ned, der auf den Stadtplan starrte und verzweifelt herauszufinden versuchte, wo sie sich befanden. Er sah müde aus und völlig fertig. Normalerweise hätte sie ihm an dieser Stelle die Meinung gesagt. Doch diesmal schob sie die kritischen Sätze, die in ihrem Kopf herumschwirrten, beiseite und dachte: »Er hat uns bis hierher gebracht … und das sogar bei dem

Verkehr.« Und anstelle der zynischen Bemerkung, die ihr auf der Zunge lag, sagte sie: »Es ist schon in Ordnung, Liebling. Das hast du gut gemacht … das machst du wirklich gut …«

Jannie sagt, in diesem Moment habe sie gesehen, wie Neds ganzer Körper antwortete. Plötzlich sah er nicht mehr so fertig aus, seine Miene entspannte sich, sein Körper schließlich auch. Er holte tief Luft, sah lächelnd zu ihr hinüber und sagte: »Danke«, und wandte sich wieder dem Stadtplan zu. Jannie wusste nicht genau, warum sie das damals getan hatte, aber sie wusste, dass es etwas sehr Wichtiges gewesen war. Etwas, das ihre Beziehung in vieler Hinsicht, auch über den Nachmittagsstau in Florenz hinaus, verändern würde. Und erstaunlicherweise gab es an jenem Abend keinen Streit …

Auch in Ihrem Partner steckt nämlich jemand, der sehr oft das Gefühl hat, alles falsch zu machen. Ja, vielleicht wirkt er selbstsicher. Oder zurückgezogen. Oder manchmal einfach widerborstig. Doch in Wirklichkeit schaut er jeden Morgen in den Spiegel und sieht Fehler. Abends blickt er auf den Tag zurück und sieht Situationen, an denen er gescheitert ist. Oftmals merkt er gar nicht, wenn er etwas richtig macht, weil er so sehr damit beschäftigt ist zu bemerken, wenn er etwas falsch macht. Und wer könnte es mehr gebrauchen, dass man ihm sagt, was er richtig macht, als jemand, der einmal etwas falsch macht?

Das Gefühl zu haben, in Ordnung zu sein, ist eines der grundlegenden menschlichen Bedürfnisse. Somit wird es hilfreich sein, wenn Sie Ihrem Partner Anerkennung schenken – weil er erfolgreich war, weil er triumphiert hat oder am besten, weil er sich einfach bemüht hat. Tun Sie nicht nur so, als ob – er wird es merken, wenn Sie ihm unehrliche Komplimente machen. Und tun Sie es nicht nur ab und zu. Benutzen Sie die Anerkennung, um eine plötzlich aufgetretene Krise zu bewältigen, so wie Jannie es tat. Aber zeigen Sie Anerkennung am besten regelmäßig und täglich. Fügen Sie einer Sache, auf die er schon stolz ist, ein Lob hinzu, und achten Sie darauf, alle Selbstbeschimpfungen, die er ausspricht, ins Gegenteil zu verkehren. Und lassen Sie Ihre Körpersprache immer gemeinsam mit Ihren Worten die Botschaft vermitteln.

Das mag für Ihren Partner zunächst etwas ungewohnt sein – zu Anfang wird er vielleicht an Ihrer positiven Einstellung sogar Anstoß nehmen. Aber das liegt daran, dass er es nicht gewohnt ist, und heißt nicht, dass er es nicht braucht. Machen Sie einfach weiter, regelmäßig und liebevoll, sagen Sie ihm, was richtig, und nicht, was falsch ist. Es kann Wochen oder Monate dauern, aber Sie werden schließlich einen Unterschied feststellen. Er wird sich wohler fühlen, wird Ihre Beziehung schöner finden und wird Ihnen gegenüber ein besseres Gefühl haben.

Und erinnern Sie sich an eins: Ein menschliches Gehirn braucht fünf positive Nachrichten, um den Effekt einer einzigen negativen auszugleichen.

Lesen Sie dies, wenn Sie ihn am liebsten beschimpfen würden

Manche Worte haben die Macht zu töten. Sie dringen direkt bis zum schwächsten Punkt Ihres Partners vor und stochern dann in der Wunde herum. Es gibt ein paar Dinge, die Sie sagen können, die die tiefsten Selbstzweifel Ihres Partners mit grausamer Exaktheit widerspiegeln. Für jemand anders können solche Bemerkungen völlig harmlos sein, doch bei Ihrem Partner werden Sie möglicherweise genau die Stellen treffen, an denen er sich unzulänglich fühlt. Also wird Ihr Partner seine schlimmsten Befürchtungen in Worte gefasst hören, und das von jemandem, von dem er glaubte, dass er ihn liebt.

Wenn Ihr Partner in seinem tiefsten Innern glaubt, nicht so intelligent zu sein wie Sie, dann lauten die Killerworte vielleicht: »Du bist so blöd.« Wenn er fürchtet, in Sachen Sexualität nicht gerade ein Held zu sein, dann sind die Worte vielleicht: »Du bist im Bett eine Niete.«

»Du bist fett, du bist langweilig, du bist ein Nichtsnutz, du bist ein schlechter Vater, du bekommst eine Glatze.« Wahrscheinlich kennen Sie die Killerworte in Ihrer Beziehung schon, denn Sie kennen Ihren Partner sicher besser als irgendjemand anders.

Ob es Ihnen nun gefällt oder nicht: Indem Sie diese Dinge sagen, wenn Sie wütend oder verärgert sind, üben Sie eine zerstörerische Macht aus. Besonders verletzend wirken sie, wenn sie einfach ohne nachzudenken gesagt werden.

Sind diese Worte erst einmal ausgesprochen, dann ist es fast unmöglich, den Schaden, den sie anrichten, wieder gutzumachen. Denn Ihr Partner wird nie vergessen können, dass Sie in diesem Moment das Schlimmste von ihm dachten. Und so wird er nie wieder dasselbe für Sie fühlen können. Aber was noch schlimmer ist: Er wird auch nie wieder dasselbe für sich selbst fühlen können.

Lesen Sie dies, wenn Sie seinem Ego Auftrieb geben wollen

Hier ist ein netter kleiner Trick, wenn Sie Ihrem Partner vermitteln wollen, dass Sie ihn mögen: Lächeln Sie.

Ziemlich einfach, nicht? Der absolute Geheimtipp und so offensichtlich, dass Sie wahrscheinlich gar nicht glauben, dass es etwas bringen könnte. Aber ein Lächeln macht nicht nur Ihnen Freude. Es sagt auch Ihrem Partner zwei Dinge: Zunächst und ganz direkt wird es ihm sagen, dass Sie ihn mögen, und das wird ihn freuen. Doch darüber hinaus wird Ihr Lächeln Ihrem Partner zeigen, dass Sie glücklich sind. Und das wird ihn doppelt freuen, denn die meisten Männer und Frauen ziehen ihre größte Anerkennung daraus zu wissen, dass sie den Menschen, den sie lieben, glücklich gemacht haben. Dann können sie sich sozusagen entspannen, denn sie haben ihren Auftrag erfüllt.

Das funktioniert natürlich nicht, wenn Sie ein schiefes oder ein halbherziges Lächeln entsenden. Oder ein Lächeln, mit dem Sie ihn einfach bei Laune halten wollen. Aber wenn Sie aus ganzem Herzen lächeln oder einfach nur ehrlich lächeln, auch wenn Sie müde sind, dann wird das etwas verändern. Tun Sie es, und sogar ein Partner, der sich schlecht fühlt, wird sich über sich selbst und über Sie freuen.

Allzu viele Paare machen den Fehler zu denken, dass, weil sie einander lieben, sie sich das nicht auch noch zeigen müssen.

Lesen Sie dies, wenn Sie Ihrem Partner helfen wollen, seine Möglichkeiten auszuschöpfen

Bis ich neun Jahre alt war, wusste ich nicht, dass es in irgendeiner Weise falsch sein konnte, erfolgreich zu sein. Ich wuchs in einer Familie auf, in der man sein Möglichstes tat. Wenn man nicht der Erste oder ganz oben war, dann war das völlig in Ordnung. Doch wenn man den ersten Preis bekam, dann war auch das in Ordnung. Ein Preis war ein Grund zu feiern. Wenn man in irgendetwas gut war, dann wurde man umarmt und gelobt. Dann eines Tages in der Schule, wir waren gerade im Zeichensaal und malten, kam die Direktorin herein. Sie stellte sich vor die Klasse und verkündete, dass ich einen Schreibwettbewerb gewonnen hatte. Der Preis war eine Reise. Welch eine Ehre für die Schule. Wie stolz sie alle auf mich waren. In der darauf folgenden Pause wurde ich zum ersten Mal auf dem Schulhof schikaniert.

Natürlich lernte ich meine Lektion nicht sofort. Ich gewann einen anderen Wettbewerb und wurde wieder schikaniert. Ich wurde Klassenbeste in Englisch und wurde dafür schikaniert. Doch nach und nach lernte ich, den Kopf runter und meine Noten weniger gut zu halten. Ich lernte, mein Bestes zu geben, aber dieses »Beste« ließ ich durchschnittlich sein, nach dem Motto: Kluge Kinder sterben früh.

Und als ich meinen Mann Ian kennen lernte, befand ich mich in einem durchschnittlichen Job in einer durchschnittlichen Lebenssituation, und ich glaube, dass ich in zehn Jahren nicht einen einzigen fortschrittlichen Gedanken gedacht habe. Ich sah mich einfach nicht als jemanden, der etwas gut machte. Und deshalb machte ich auch nichts gut.

Ian tat nichts Besonderes, um das zu ändern, er vollführte keine Wunder. Es war einfach seine stete Anerkennung, die mich veränderte. Er sagte mir ständig, was ich alles könnte. Er unterstützte mich, er ermutigte mich, und er gab mir das Gefühl, dass er, selbst wenn alle auf der Welt versuchen würden, mich niederzumachen, an meiner Seite stehen und mit mir kämpfen würde.

Ian half mir zu vergessen, was ich auf der Schule gelernt hatte, nämlich dass es gefährlich war, etwas gut zu machen. Er half mir, wieder zu erkennen, was ich leisten und was ich leben konnte.

Sie haben die Wahl, für Ihren Partner zu tun, was Ian für mich getan hat. Und über Ihre Beziehung, über das tägliche Geben und Nehmen hinaus können Sie noch etwas tun. Wenn Sie wollen, dann können Sie Ihrem Partner helfen, alle unsinnigen Vorstellungen zu vergessen, die er als Kind angenommen hat. Vorstellungen, die bewirken, dass er sich selbst schlecht findet. Vorstellungen, die ihn einschränken. Vorstellungen, die ihn unglücklich machen.

Und nachdem Sie Ihrem Partner geholfen haben, das alles abzulegen, können Sie ihm helfen, etwas Neues zu lernen. Nämlich, dass er schlau ist, wo er doch immer dachte, er sei dumm. Dass er Fähigkeiten besitzt, wo er doch immer dachte, dass er nicht eins und eins zusammenzählen könne. Dass er wichtig ist, wo er doch immer dachte, dass er ziemlich weit unten auf der Liste stünde.

Sie müssen keine großen Bekenntnisse ablegen. Etwas Neues zu lernen ist ein subtiler Prozess. Doch eine stete Versorgung mit positiven Gedanken und Überzeugungen kann ihm im Laufe der Zeit dabei helfen, Selbstvertrauen zu gewinnen.

Hier folgen ein paar Botschaften, die Sie Ihrem Partner nicht vorenthalten sollten:

Ihr Partner kann vieles gut

Viele Menschen haben gelernt, das, was sie gut können, zu verbergen, es herunterzuspielen und zu untergraben. Wenn sie das nicht tun, dann wird ihnen vorgeworfen, sie würden angeben oder der Neid macht ihnen das Leben schwer. So kann es sein, dass Ihr Partner an einen Punkt gelangt ist, wo er wirklich vergessen hat, dass er viele Begabungen besitzt, und wo er sich selbst als nur durchschnittlich oder gar als Versager ansieht.

Wenn Sie ungeduldig werden oder seine Bemühungen untergraben, dann werden Sie ihm die alten Vorstellungen nur noch stärker einhämmern. Wenn Sie ihm sagen, was er gut kann, dann wird er die Zuversicht erlangen, seine Stärken wieder für sich in Anspruch zu nehmen, und er wird aufblühen.

Ihr Partner hat Recht

Eltern, Lehrer, große Schwestern, Chefs – jeder, der in der Hackordnung höher steht, wird einem anderen sagen, dass er Unrecht hat. Also wird Ihr Partner vielleicht in dem Bewusstsein aufgewachsen sein, dass, was immer er denkt, etwas Sinnloses ist, und so wird er das Vertrauen in seine eigenen Gedanken und Gefühle verlieren.

Wenn Sie es sich zur Gewohnheit machen, seinen Standpunkt in Frage zu stellen oder seine Ideen als Mist zu bezeichnen, dann wird er weiterhin glauben, nichts wert zu sein und mit Unsicherheit oder Rückzug reagieren. Wenn Sie ihm sagen, dass er Recht hat, dann wird er eine größere Selbstsicherheit entwickeln und mit mehr Zuversicht in die Welt schauen.

Ihr Partner hat es verdient

Vielleicht hat Ihr Partner als Kind gelernt, dass er es nicht verdient, irgendetwas zu bekommen. Das kann zur Folge haben, dass er aggressiv eingreift, um sich etwas zu nehmen, oder dass er versucht, Sie zu manipulieren, um etwas zu bekommen.

Wenn Sie seinen Eindruck, dass er sowieso nichts verdient hat, noch untermauern, dann wird er sich immer grob verhalten, ganz egal, wie gut es ihm geht. Aber wenn Sie ihm die Botschaft vermitteln, dass Sie meinen, das Beste sei für ihn gerade gut genug, dann wird er es selbst auch irgendwann glauben und wird allmählich zufriedener werden.

Ihr Partner kann für seine Rechte eintreten

Vor allem von Jungen wird erwartet, dass sie Konflikte gut einstecken können – Schlägereien auf dem Spielplatz, Schikanen auf dem Schulhof. So hat Ihr Partner vielleicht gelernt, dass er beim leisesten Hinweis auf Schwierigkeiten entweder aggressiv werden oder den schnellen Rückzug antreten muss. Als Erwachsener neigt er bei Konfrontationen dann zur Überreaktion oder er fühlt sich in Konfliktsituationen nicht wohl.

Wenn Sie an seiner Seite stehen, wenn er für seine Rechte eintritt, dann wird er begreifen, dass er die Fähigkeit besitzt, Herausforderungen gelassen zu begegnen und sie locker zu meistern.

Lesen Sie dies, wenn Ihre Beziehung zu einem Ort des Wachstums werden soll

Sie werden sich beide durch Ihr Zusammensein verändern und weiterentwickeln. Doch seien Sie vorsichtig, denn diese Entwicklung muss nicht immer positiv sein. Im Laufe der Zeit kann eine Beziehung Sie durchaus auch ungünstig verändern.

♡ Wenn Ihre Beziehung zu einem Ort der Ablehnung wird, dann werden Sie Ihr Selbstvertrauen verlieren und depressiv werden.

♡ Wenn sie zu einem Ort der Unsicherheit wird, dann wird einer von Ihnen beiden verletzlich werden.

♡ Wenn sie zu einem Ort des Machtkampfes wird, dann werden Sie entweder geschlagen werden oder Sie werden rebellieren.

♡ Wenn sie zu einem Ort der unbefriedigten Bedürfnisse wird, dann werden Sie reizbar und fordernd werden.

♡ Wenn sie zu einem Ort wird, an dem Sie zurückgewiesen werden, dann werden Sie entweder zurückschlagen oder Sie werden den Mut verlieren.

♡ Das muss nicht sein.

Keine dieser Katastrophen muss eintreffen, wenn Sie Ihre Beziehung zu einem Ort machen, an dem Sie sich beide positiv entwickeln können.

♡ Schaffen Sie eine Atmosphäre des gegenseitigen Respekts, dann werden Sie Selbstvertrauen und Begeisterung entwickeln.

♡ Schaffen Sie eine Atmosphäre der Sicherheit, dann werden Sie stark und stabil werden.

♡ Schaffen Sie eine Atmosphäre der Kooperation, dann werden Sie zu einem Arbeitsteam.

♡ Schaffen Sie eine Atmosphäre, in der Sie die Bedürfnisse des anderen befriedigen können, dann werden Sie zufrieden und erfüllt sein.

♡ Schaffen Sie eine Atmosphäre der Anerkennung, dann werden Sie ein gutes Selbstwertgefühl haben.

Eine einfache Wahrheit über die Liebe

NUMMER 5

Wenn Sie wissen, dass Ihr Partner Sie liebt, haben Sie dann auch sich selbst gegenüber ein gutes Gefühl?
Fühlen Sie sich nicht wunderbar, herrlich und großartig?
Nun, hier eine gute und eine schlechte Nachricht.

Die gute Nachricht ist, dass Sie bereits wunderbar, herrlich und großartig sind. Auch wenn Ihr Partner Sie nicht liebt.

Die schlechte Nachricht ist, dass es dann leider oft nicht so zu sein scheint.

Lesen Sie dies, wenn Sie in Versuchung sind, es sich selbst schwer zu machen

46 Wenn Sie zur Galerie in der Londoner St. Paul's Cathedral kommen wollen, dann müssen Sie genau 538 Stufen hinaufsteigen. Und an einem heißen Sommertag vor ein paar Jahren, ungefähr auf der Höhe von Stufe 210 beschloss ich, dass der Satz, den ich ständig in meinem Geiste wiederholte, nämlich »Das schaffe ich nicht«, völlig zutreffend war. Meine Lungen, meine Waden und meine Oberschenkel spendeten mir spontan Beifall, als ich stehen blieb, um Atem zu holen, mein Versagen schließlich einzugestehen und mich umzudrehen, um wieder hinunterzugehen. In diesem Moment kam hinter mir ein Mann langsam die Treppe hinauf. Er war mindestens achtzig, weißhaarig, leicht gebückt und keuchte genauso wie ich. Doch als er mit einem Lächeln an mir vorbeiging, konnte ich die Worte »Mache ich gut … ganz prima … immer weitergehen … bald da …« vernehmen. Ich verstand die Botschaft. Als ich mich wieder umdrehte, um weiter nach oben zu gehen, blieb ich immer noch alle paar Stufen stehen, um Luft zu holen. Doch jetzt erzählte ich mir ununterbrochen, was ich alles richtig machte, und nicht, was ich falsch machte. Oben standen der alte Mann und ich nebeneinander am Geländer und bewunderten gemeinsam den Blick über London.

Ich lernte von diesem Mann, dass es durchaus funktioniert, wenn man sich selbst Anerkennung zollt. Natürlich geht es einem gegen den Strich, sich selbst zu sagen, wie gut man ist, vor allem, wenn es überhaupt nicht zuzutreffen scheint. Doch ich wurde keineswegs größenwahnsinnig, als ich mich auf das konzentrierte, was ich richtig machte, es gab mir Energie, ich fühlte mich gut und konnte weitergehen. Als ich mir sagte, dass ich es nicht schaffen würde, war ich drauf und dran aufzugeben.

Wenn Sie in Ihrer Beziehung gute Gefühle möchten, dann müssen Sie auch sich selbst und nicht nur Ihrem Partner oder Ihren Kindern viele gute Gefühle vermitteln. Sie verdienen es – Frauen setzen sich selbst viel zu oft ans Ende der Liste, wenn es darum geht, wer Anerkennung bekommt. Doch auch Ihre Liebe verdient es. Die besten Partner fühlen sich gut, sowohl, was sie selbst, als auch, was ihr Tun angeht. Wenn Sie in Ihrer Beziehung ein besseres Selbstwertgefühl entwickeln können, dann werden Sie ein besserer Partner sein. Und ein besserer Mensch.

Hier sind neun Tipps, wie Ihnen die Liebe leichter fällt, indem Sie sich selbst lieben:

♡ Achten Sie darauf, wenn Sie etwas gut machen, und fühlen Sie sich dann auch gut.

♡ Wenn Sie das Gefühl haben, etwas nicht gut zu machen, dann denken Sie daran, dass Sie trotz allem Ihr Bestes gegeben haben.

♡ Wenn jemand etwas Gutes über Sie sagt, dann sagen Sie »Danke«, und zwar ohne zu zögern, abzuwehren oder darüber zu lachen.

♡ Wenn Ihr Partner etwas Gutes über Sie sagt, dann zeigen Sie ihm, wie glücklich Sie das macht, denn dann wird er lernen, es öfter zu tun.

♡ Wenn Ihr Partner etwas Schlechtes über Sie sagt, dann betrachten Sie das als sein Problem, nicht als das Ihre.

♡ Vergessen Sie nicht, dass Sie sich fünf Mal selbst beglückwünschen müssen, um eine Selbsterniedrigung auszulöschen.

♡ Wenn Sie etwas schlecht machen, dann stellen Sie das in einen Zusammenhang. Ehe Sie diese eine Sache falsch gemacht haben, haben Sie wahrscheinlich tausend Sachen richtig gemacht.

♡ Wenn Sie etwas wirklich richtig schlecht machen, dann denken Sie daran, wie viel besser Sie es das nächste Mal machen werden. Denn Sie werden denselben Fehler ja schließlich nicht noch einmal machen.

♡ Vergessen Sie nicht, dass das Maß, in dem Sie gute Gefühle für jemand anders hegen können, in direktem Zusammenhang mit dem Maß der guten Gefühle, die Sie über sich selbst haben, steht.

Lesen Sie dies, wenn Sie das Gefühl haben, dass er Sie nie anerkennt

Natürlich brauchen Sie einen Partner, der Ihnen sagt, dass er Sie liebt. Aber er muss Ihnen auch sagen, warum er Sie liebt.

Selbst wenn Sie in Ihrem Innern unglaublich selbstbewusst sind, verdienen Sie es, dass Sie jemand liebt, der Ihre Stärken, Ihre Fähigkeiten und Ihre Einzigartigkeit kennt. Der sich körperlich oder emotional von Ihrem Haar, Ihrem Sinn für Humor, Ihrem Vertrauen oder sogar Ihrem Fahrstil angeregt fühlt!

Wenn Ihr Partner Ihnen nicht sagen kann, wie sehr er Sie liebt, oder es einfach nicht tut, dann werden Sie das Gefühl bekommen, in einer emotionalen Wüste zu leben. Sie werden nach Anerkennung dürsten. Wenn Sie in Ihrer Beziehung Durst verspüren, dann stellen Sie sich selbst zwei Fragen:

Schätzt Ihr Partner Sie wirklich? Wenn die Antwort nein ist, dann haben Sie ein Problem. Wenn er aus irgendeinem Grund vergessen hat, was er an Ihnen mochte und was er an Ihnen liebte, dann ist von Ihrer Beziehung wahrscheinlich nicht mehr viel übrig. Und Sie werden für sich selbst entscheiden müssen, was das für Ihre Beziehung bedeutet.

Oder ist es so, dass Ihr Partner einfach nicht weiß, wie er Ihnen sagen soll, dass er Sie schätzt? Denn oft ist ein Partner, der keine Anerkennung zeigt, einfach einer, der nicht kommuniziert. Es fehlen ihm die Worte. Oder er merkt nicht, dass Sie sie hören wollen. Oder er merkt nicht, dass Sie sie regelmäßig hören wollen, damit Sie sie auch wirklich glauben.

Wenn Sie diese Worte nicht regelmäßig hören, dann ist das ein wenig so, als würde man eine Pflanze nur einmal im Jahr gießen. Das werden Sie ganz einfach nicht überleben. Schließlich sind Sie kein Kaktus.

Wenn Ihr Partner Sie schätzt, aber nicht imstande ist, Ihnen das zu zeigen, dann können Sie es ihm folgendermaßen beibringen:

♡ Zeigen Sie ihm Anerkennung. Er wird darauf ansprechen. Es wird ihm gefallen. Und er wird nach einiger Zeit lernen, Ihnen auch den Gefallen zu tun.

♡ Sagen Sie es ihm, wenn Sie Anerkennung brauchen. Bitten Sie direkt, deutlich und unmissverständlich darum.

♡ Zeigen Sie ihm Wege auf, Ihnen seine Anerkennung zu zeigen. Sagen Sie ihm, welche Worte er wählen kann. Zeigen Sie ihm, welche Körpersprache er gebrauchen kann.

♡ Belohnen Sie ihn, was immer er auch tut, um Ihnen seine Anerkennung zu zeigen. Sagen und zeigen Sie ihm deutlich, wie wohl Ihnen das tut.

Eine einfache Wahrheit über die Liebe

NUMMER 6

Liebe heißt nicht nur, die Beziehung anzuerkennen,
wenn alles gut läuft.
Es heißt dranbleiben, wenn etwas schief geht.
Liebe heißt nicht nur, sich aneinander zu freuen,
wenn alles leicht geht.
Es heißt einander zu akzeptieren, wenn es hart wird.

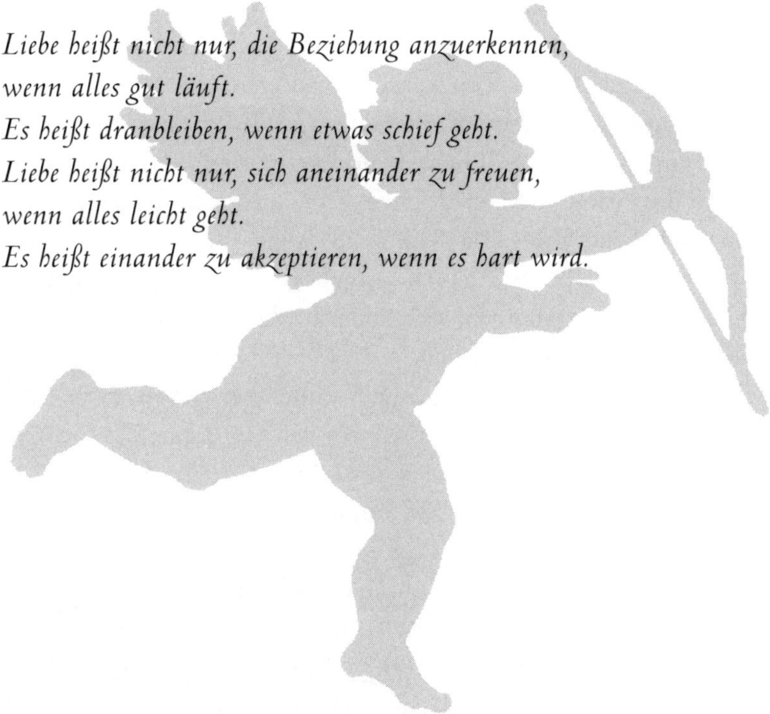

Lesen Sie dies, wenn er Ihnen auf die Nerven geht

Eine der weisesten Frauen, die ich kenne, sagt einen wunderbaren Satz, wenn sie ein Paar trifft, das offenkundig mit Spannungen oder Rissen in der Beziehung kämpft. Sie beobachtet die beiden dann voller Anteilnahme, wie sie in der Öffentlichkeit versuchen, tapfer zu sein. Und wenn sie gegangen sind, dann sagt sie: »Hmm, diese beiden haben ihre Liebe zerschlissen.«

Denn im Laufe der Zeit kann es passieren, dass, ganz gleich, wie sehr man sich liebt, Zuneigung und Toleranz sich einfach abnutzen. Es gibt kein Problem und keine Krise. Es ist einfach nur so, dass die unterschiedlichen Arten, etwas zu tun, sich verbraucht haben. Oder Sie haben zu lange mit denselben Gewohnheiten gelebt. Sie haben aufgehört, einander wirklich zu schätzen, und angefangen, sich ätzend zu finden, Sie fangen an, sich auf die Nerven zu gehen.

Man wird es merken. Wie sehr Sie auch versuchen, es zu verbergen, wird man es doch merken. An den Gefühlen, die Sie füreinander hegen – nicht mehr ganz so locker, nicht mehr ganz so vertraut. An der Art, wie Sie miteinander umgehen – immer noch fürsorglich, aber mit Seitenblicken, verspanntem Mund, einer Neigung, bissig zu sein. Und alle diese Dinge werden natürlich Ihre Liebe noch mehr strapazieren.

Es ist eine große Kraftanstrengung, für die eine Menge Mut erforderlich ist, den oberflächlichen Ärger wegzuschieben und ehrliches Aufeinanderzugehen wieder aufleben zu lassen. Einfach aufzuhören, verärgert zu sein, und stattdessen Sympathie zu zeigen. Kurz gesagt, seinen Partner als den zu akzeptieren, der er wirklich ist, und zwar ständig. Selbst nach Jahren des Ärgers ist es möglich, das einfach zu tun. Und wenn Sie es schaffen, sogar, wenn anfangs nur einer von Ihnen dazu imstande ist, dann wird das eine Veränderung einleiten. Die Fremdheit und die Wut zwischen Ihnen wird abnehmen. Und unter den seelischen Wunden wird die gesunde Beziehung wieder wachsen. Sie werden sich allmählich daran erinnern, was Sie aneinander mochten. Auch, wenn es Sie zunächst einige Anstrengung kostet, Ihren Partner positiv anzunehmen.

Zeigen Sie, dass Sie ihn akzeptieren, indem Sie ihn anschauen, direkt und als ob Ihnen gefallen würde, was Sie sehen. Frisch Verliebte verbringen buchstäblich Stunden damit, einander in die Augen zu starren. Wenn Sie also Ihrem Partner signalisieren wollen, dass Sie immer noch Gefühle für ihn hegen, dann verbringen Sie auch Zeit damit, das zu tun. Vielleicht morgens im Bett. Vielleicht, wenn Sie auf dem Sofa miteinander kuscheln. Oder vielleicht einfach, wenn Sie sich auf dem Flur begegnen.

Zeigen Sie ihm, dass Sie ihn akzeptieren, indem Sie mit ihm sprechen, warmherzig, und als ob Ihnen gefallen würde, was Sie hören. Verwenden Sie Worte, die ihm signalisieren, dass Sie ihn akzeptieren: »Das ist gut«, »Das ist großartig«, »Kein Problem«.

Und legen Sie Bedeutung in Ihre Worte. Wenn Ihr Partner Begeisterung in Ihrer Stimme hört, dann wird er darauf reagieren.

Zeigen Sie ihm, dass Sie ihn akzeptieren, indem Sie ihn berühren, voller Zuneigung, und als ob Sie das lieben würden, was Sie fühlen. Das Fühlen ist unser am besten ausgebildeter Sinn, derjenige, der uns sogar in schweren Krisen unterstützt. Also berühren Sie Ihren Partner oft, um zu feiern, zu trösten oder auch völlig ohne Anlass.

Und wie immer gibt es auch eine Belohnung: Wenn Sie Ihren Partner akzeptieren, dann wird es ihm leichter fallen, sich selbst zu akzeptieren und zu lieben.

Wenn er sich selbst akzeptiert, dann wird es ihm leichter fallen, Sie zu akzeptieren und zu lieben.

Lesen Sie dies, wenn er einen Fehler macht

Das erste Mal, als mein Mann und ich zusammen ausgingen, blieben wir in Wirklichkeit drinnen. Er sagte, er würde etwas kochen, ich kam zu ihm, und es endete damit, dass wir gemeinsam in seiner winzigen Küche eine Gemüsepfanne zubereiteten. Wir beide standen am Spültisch und schnitten Gemüse, als gäbe es nichts anderes um uns herum.

Wir waren so angeregt vor Glück und angesichts der Möglichkeiten einer neuen Beziehung, dass wir nichts tun konnten, ohne einander zu berühren. Wir waren so sehr abgelenkt, dass es überhaupt ein Wunder war, dass sich keiner von uns einen Finger abgeschnitten hat.

Das geschnittene Gemüse sammelten wir in einer wundervollen grünen Keramikschüssel, von der Ian erzählte, dass sie das Kostbarste sei, was er besäße. Er hatte sie von einer ehemaligen Mitbewohnerin, einer Töpferin, geschenkt bekommen. Er zeigte mir das Muster in der Glasur und die Stellen, wo ihre Fingerabdrücke zu sehen waren. Ich fand die Schüssel wunderschön, und ich fand ihn wunderschön, weil er sie so liebte.

Wir hatten die Karotten und die Pilze verarbeitet, und ich drehte mich gerade zur Seite, um sie in die Schüssel gleiten zu lassen. Nun bin ich leider nicht unbedingt ein Wunder an motorischer Koordination, und an jenem Tag übertraf ich mich selbst. Ich wischte alles beiseite, und natürlich geschah es. Die Schüssel fiel zu Boden.

Ian sagt heute, dass er mich immer noch vor sich sehen könnte, wie ich erstarrt wie ein Kaninchen im Scheinwerferlicht des Autos dort stand, auf die tausend grünen Teile herabschaute und auf seine Reaktion wartete. Ich hingegen erinnere mich, dass ich dachte, er müsse entweder rasend oder völlig erledigt sein. Ich sah auf und wartete auf im besten Fall ein gezwungenes Lächeln, im schlimmsten Fall einen Schrei des Entsetzens. Er sagte langsam: »Nun, du hast es ja nicht mit Absicht getan.«

Ich war erstaunt, denn obwohl er sicher schrecklich fand, was ich gemacht hatte, fand er mich nicht schrecklich. Er wusste, dass ich mein Bestes gegeben hatte. Er akzeptierte, dass ich Fehler machte. Er akzeptierte mich. In dem Moment wurde mir klar, dass ich bei dem Mann eine ganze Weile bleiben würde. Denn das Beste, was jemand für uns tun kann, ist, uns zu akzeptieren, auch wenn wir etwas falsch machen. Wenn er sieht, wie wir Mist bauen, wie wir alles verkehrt machen, und wenn er uns dann trotzdem nicht ablehnt.

Wenn ich weiß, dass derjenige, der mich liebt, mich auch – mit allen meinen Fehlern – akzeptiert, dann ist das eine erstaunliche Erfahrung. Man fühlt sich sofort in einem nicht gekannten Maß sicher. Man begreift, dass man sich nicht weiter sorgen muss, man kann sich entspannen und einfach man selbst sein. Der Stress lässt nach, man hat mehr Energie und Konzentration. Wir fühlen uns nicht nur besser, sondern wir machen auch alles besser.

Deshalb sollten Sie ihrem Partner gegenüber in großen Dingen, wenn Sie spüren, dass er Ihre Liebe braucht, weil er eine Krise durchmacht, tolerant und unterstützend sein. Doch zeigen Sie auch den Mut, in kleinen Dingen tolerant und unterstützend zu sein, in den alltäglichen Problemen, den Dingen, die Ihnen auf die Nerven gehen, bei den zerbrochenen Schüsseln des Lebens. Dann wird er sich, wenn er mit Ihnen zusammen ist, immer für das akzeptiert fühlen, was er ist. Er wird sich sicher fühlen und geschätzt. Nach und nach wird er das Gefühl bekommen, ein wertvoller Mensch zu sein. Er wird wissen, dass er in Ordnung ist. Und Sie haben es in der Hand, das geschehen zu lassen.

Lesen Sie dies, wenn Sie seine Fehler nicht akzeptieren können

Es ist leicht, den Partner zu akzeptieren, ihn zu tolerieren, zu unterstützen oder sogar anzuerkennen, wenn alles gut läuft. Aber wenn das, was er tut oder wie er ist, Sie verärgert oder verletzt hat, dann ist die Versuchung groß zurückzuschlagen. Mit jeder Faser Ihres Körpers wollen Sie um sich schlagen, quälen, beschuldigen, schreien, zurückweisen. Und warum sollten Sie das nicht tun?

Hier sind ein paar Äußerungen, mit denen die Leute kommen, wenn das Akzeptieren schwer fällt:

Wenn mein Partner sich schlecht aufführt, dann muss ich ihm das doch sagen und es nicht einfach akzeptieren

Wenn Sie mit »schlecht aufführen« meinen, dass Ihr Partner einfach einen Fehler gemacht hat, ohne es zu wollen, dann wird es auch nichts nutzen, es ihm zu sagen. Es läuft ein geheimnisvoller Prozess im Menschen ab, der ihn ungewollte Fehler immer wiederholen lässt, wenn er dafür beschimpft wird. (Im Gegensatz dazu machen die meisten Menschen es das nächste Mal richtig, wenn diese ungewollten Fehler verziehen und Hilfe angeboten wird.)

Wenn Sie mit »schlecht aufführen« meinen, dass Ihr Partner versucht hat, Sie zu verärgern, oder dass er etwas abgelehnt hat, was Sie wollen, dann wird es auch nichts nutzen, ihm das zu sagen. Erklären würde vielleicht helfen, oder darüber zu reden, was Sie sich wünschen, oder zu verhandeln, damit Sie beide bekommen, was Sie brauchen. Aber »ihm das sagen« bedeutet doch nur diese Mischung aus meckern und Vorwürfe machen und fordern, die das Gegenteil von akzeptieren ist. Wer immer es anwendet, verhält sich kontraproduktiv, denn es wird Ihnen beiden ein schlechtes Gefühl geben. Und es veranlasst fast immer alle Beteiligten, sich noch mehr auf ihre Position zu versteifen.

Einen Moment mal – was habe ich denn davon?

Wenn Sie Ihren Partner akzeptieren, dann tun Sie zwei Dinge, die Ihnen zwar nicht sofort, aber doch langfristig Zufriedenheit schenken werden.

Zunächst einmal schaffen Sie eine Atmosphäre der Akzeptanz, die es ermöglicht, dass Ihr Partner Sie grundsätzlich anerkennen wird. Er wird Ihre Defizite tolerieren und die Dinge, die ihn ärgern – und die gibt es ja durchaus –, beiseite schieben. Zum anderen verursachen die Defizite eines Partners eine allmähliche Veränderung im anderen. Wenn jemand akzeptiert wird, dann wird er mehr Liebe bekommen, aber auch mehr geben können. Denn wenn man nicht so hart daran arbeiten muss, sich selbst in seinem Inneren zu akzeptieren, dann hat man mehr Kraft, sich um andere zu bemühen.

Das ist keine bloße Theorie. Das funktioniert. Wer nicht völlig unfähig ist, eine gute persönliche Beziehung zu jemand anders aufzubauen, der wird, je mehr er akzeptiert wird, umso mehr seine Liebe zeigen können. Wenn Ihr Partner also nicht völlig unfähig ist, eine gute persönliche Beziehung aufzubauen, dann wird er Sie umso mehr lieben, je mehr Sie ihn akzeptieren. Wenn Ihr Partner völlig unfähig ist, eine gute persönliche Beziehung aufzubauen, dann verlassen Sie ihn, denn Sie verdienen etwas Besseres.

Eine einfache Wahrheit über die Liebe

NUMMER 7

Wenn Sie wütend auf Ihren Partner sind, versuchen Sie
unter allen Umständen, ihn zu akzeptieren.
Aber denken Sie daran, dass das nur der erste Schritt ist.
Denn wenn Sie Ihren Partner wirklich akzeptieren,
dann werden Sie nicht wütend auf ihn sein. Oder auf seine
Gedanken. Oder seine Taten. Oder seine Gefühle.
Wenn Sie ihn akzeptieren, werden Sie begreifen,
dass auch die schlechten Seiten Teil eines Menschen sind.
Wir sind nicht perfekt, aber so sind wir.

Lesen Sie dies, wenn Ihr Partner eine Krise durchlebt

Mein Freund Steve ist ein großer Typ. Einzweiundneunzig groß und kräftig – in seinem Fußballverein spielte er als Stürmer. Und seine Frau Kate fühlte sich zu ihm hingezogen, weil er so aussah, als würde er nie in seinem Leben schwanken.

Sie hingegen schwankte oft. Sie war nicht direkt eine Nervensäge, aber neigte doch dazu, alles zu dramatisieren. Was immer bei Kate schief ging – man erfuhr es sogleich. Die Arbeit, das Auto, das Haus, der Garten, die Spaghettisoße auf dem weißen Kleid – Kate machte einen Aufstand. Und Steve brachte alles wieder in Ordnung.

Doch Steve besitzt eine eigene Druckerei, und als einer seiner Kunden Zahlungsschwierigkeiten hatte und das ganze Unternehmen eine Bauchlandung zu machen drohte, verlor Kate völlig die Nerven. Und drei Monate nach dem Tag, an dem er zum ersten Mal nach Hause kam und ihr sagte, dass sie vielleicht alles verlieren würden, verließ sie ihn und rannte zu ihrer Mutter zurück. Ich kannte Kate nicht besonders gut, aber ich war traurig. Steve und ich e-mailen einander regelmäßig – wir sind einfach Freunde, und zwar seit wir uns vor fast dreißig Jahren auf dem College kennen gelernt haben. Also sagte ich ihm, dass es mir Leid tue, und fragte, ob ich irgendetwas tun könne …

In seiner nächsten Mail begann Steve ein wenig darüber zu schreiben, was in ihm vorgegangen war. Nichts übermäßig Persönliches, einfach ein paar Sätze. Und dann öffnete er sich und schrieb über seine Geldsorgen und wie gestresst und verunsichert er war. Ich freute mich, dass er das alles rauslassen konnte. Und noch mehr freute mich, dass die folgenden Mails immer positiver klangen, bis er mir eines Tages schrieb, dass er gerade einen neuen Investor gefunden habe und dass Kate zurückkommen wolle. Wunderbar, Steve.

Nun, nur zum Teil wunderbar. Er sagte ja zu dem Investor und nein zu Kate. Warum? Seine Worte waren: »Ich musste immer für sie da sein. Aber dieses eine Mal war ich schwach, und sie war nicht für mich da.«

Probleme bei der Arbeit, Krankheiten, Familienstreit, Geldsorgen, Probleme mit den Kindern – es gibt Dutzende von normalen Krisen, große und kleine, die wir alle im Laufe unseres Lebens durchstehen müssen. Und sogar die Stärksten von uns verlieren da mal die Nerven. In diesem Moment wird die Unterstützung durch unseren Partner doppelt wichtig. Dann brauchen wir es mehr als sonst, akzeptiert zu werden. Und wenn unsere Beziehung sich nicht als ein sicherer Ort erweist, an dem wir uns akzeptiert fühlen, dann erscheint das als ein doppelter Betrug. Kate verließ Steve nicht vor allem wegen der finanziellen Probleme, sondern weil er seelisch am Ende war und sie nicht damit umgehen konnte. Steve wollte nicht, dass Kate wiederkam, nicht weil sie ihn verlassen hatte, sondern weil sie ihn nicht akzeptieren konnte, wenn er schwach war.

Wenn Ihr Partner mit den Nerven am Ende ist, sei es nun in einer kleinen oder einer großen Sache – dann müssen Sie ihm zusätzliche Sicherheit geben. Sie müssen nicht nur sein Problem anerkennen, sondern auch seine Gefühle. Es wird ihm helfen zu wissen, dass es für Sie völlig in Ordnung ist, wenn er die Nerven verliert.

Also seien Sie zunächst einmal wachsam. Es gibt acht Signale, die Ihr Partner vielleicht aussenden wird, um Ihnen zu sagen, dass er sich schwach fühlt:

♡ Er ist offensichtlich nicht gut drauf, schweigsam, traurig oder den Tränen nahe.

♡ Er ist offensichtlich und untypischerweise zornig oder verärgert.

♡ Er schläft oder isst mehr oder weniger als gewöhnlich.

♡ Er will mehr oder weniger Sex als gewöhnlich.

♡ Er lässt sich gehen, kleidet sich nachlässig, rasiert sich nicht.

♡ Er nimmt oft frei oder geht nicht gern zur Arbeit.

♡ Er sagt, dass er sich schlecht fühlt, obwohl er vielleicht nicht weiß, was mit ihm los ist. »Ich bin einfach nicht ich selbst … ich fühle mich so komisch.«

♡ Er scheint reden zu wollen, auch wenn er nicht genau weiß, worüber.

Der nächste Schritt ist, dass Sie Ihrem Partner dabei helfen einzusehen, dass er ruhig Gefühle zeigen kann und man ihn dann auch nicht für einen Versager halten wird. Als Mann hat er diese Botschaft sehr wahrscheinlich von irgendwoher eingeimpft bekommen. Doch wenn Sie es schaffen, ihm eine anderslautende Botschaft zu vermitteln und ihm zu helfen, Gefühle als völlig normal und natürlich zu betrachten, dann wird er sich schon bald besser fühlen.

Beginnen Sie also damit, dass Sie Ihrem Partner diese vier grundlegenden Wahrheiten erklären:

1. Gefühle sind eine biologische Antwort auf Probleme. Um mit den Problemen fertig zu werden, versetzt Ihr Körper Sie in Handlungsbereitschaft, indem er die Herzschlagfrequenz, den Blutdruck und die Atemfrequenz erhöht. Adrenalin schießt durch Ihren Körper. Kein Wunder, dass Sie sich seltsam fühlen.
2. Jede noch so schwache Gefahr wird unweigerlich Gefühle hervorrufen, auch wenn man gut darauf vorbereitet und durchaus imstande ist, damit umzugehen. Die Tatsache, dass man Gefühle zeigt, ist ein Zeichen dafür, dass der Körper angemessen reagiert und sich auf weiteres Reagieren vorbereitet.
3. Wenn man den Gefühlen ein wenig Ausdruck verleiht, zum Beispiel in Worten, dann ist das eine Methode, dem Körper zu versichern, dass man seine Signale gespürt hat, und dass man etwas unternimmt.

4. Die Gefühle bewusst zu machen und über sie zu reden heißt also nicht, dass man »soft« ist, sondern dass man die Probleme direkt angeht.

Als Nächstes ist es vor allem wichtig zuzuhören, wenn der Partner über seine Gefühle sprechen möchte. Beachten Sie hier das Wörtchen »wenn« – vielleicht möchte er nicht darüber sprechen, und wenn er es nicht möchte, dann ist das auch in Ordnung.

Wenn er es möchte, versuchen Sie auf keinen Fall, seinen Redefluss zu unterbrechen, indem Sie ihn ablenken oder bitten, doch wieder fröhlich zu sein – er wird dann das Gefühl haben, nicht richtig gehört oder nicht ernst genommen zu werden. Erlauben Sie ihm stattdessen, sich seinem Gefühl gemäß zu verhalten, lassen Sie ihn besorgt oder wütend sein oder weinen. Und seien Sie geduldig, wenn er die Dinge mehrmals durchsprechen möchte, um sie von seiner Festplatte zu löschen – auch, wenn Sie die Geschichte wieder und wieder gehört haben. Vermitteln Sie ihm ständig, dass Sie ihn nicht schwach oder wehleidig finden, vor allem, wenn er häufig Dinge sagt wie: »Tut mir Leid«, »Das sollte ich nicht tun«, »Du musst denken, dass ich jetzt spinne …«

Wenn Sie das alles schaffen, dann wird Ihr Partner mit großer Sicherheit von seinen schmerzhaften seelischen Verletzungen genesen. Er wird klarer denken und besser mit seinen Problemen umgehen können. Er wird Energie und Motivation hinzugewinnen, um das Problem letztendlich zu lösen.

Und wenn er wieder auf dem aufsteigenden Ast ist, werden Sie ihn genauso lieben wie zuvor.

Lesen Sie dies, wenn Sie mit seinen Gefühlen nicht umgehen können

Erinnern Sie sich an diese Bewegungsspielzeuge, die in den achtziger Jahren so beliebt waren? Silberne Kugeln an Drähten, die von einer horizontalen Stange herabhingen. Wenn man eine Kugel anstieß, schickte sie alle anderen in dieselbe Richtung. Und dann ging es wieder zurück. Wieder hin. Und wieder zurück. Eine stete Bewegung, von einer Kugel an die nächste weitergegeben, die von einer einzigen Bewegung ausging.

So kann es auch in Ihrer Beziehung laufen. Und das tut weh. Wenn Sie beide sich nah sind – und vor allem, wenn Sie sich sehr nah sind –, dann wird jedes starke Gefühl, das Ihr Partner empfindet, eine Reaktion in Ihnen auslösen. Und nicht nur eine einzelne Reaktion, sondern eine Reihe von Bewegungen, da ein Gefühl ein anderes erzeugt. Und oft bringt dieser Anstoßeffekt auch seelische Erinnerungen hervor, die die Schrecken der Vergangenheit in Ihr Bewusstsein zurückkehren lassen.

Ein Beispiel: Als Emma mit ihrem Exmann, bei dem sie die Kinder zum wöchentlichen Besuch ablieferte, einen heftigen Streit gehabt hatte, fuhr sie nach Hause und erzählte alles ihrem Lebenspartner Tom. Und sie erwartete, dass er ein offenes Ohr und Verständnis für sie haben würde. Aber Tom tobte und fragte sie, warum sie denn nicht mehr für sich einstehen würde.

Emma war schockiert und verletzt. Sie konnte es überhaupt nicht ertragen, dass Tom sie anschrie, denn es ging ihr schließlich schon so schlecht genug. Also aß sie schweigend ihr Essen auf, während Tom sich immer noch aufregte, stellte dann ihr Geschirr in die Küche und ging ins Bett.

Vielleicht wäre die Sache in Vergessenheit geraten, aber in der darauf folgenden Woche kochte alles noch einmal hoch, und sie kehrte wieder in Tränen aufgelöst nach Hause zurück. In ihrer Verzweiflung brauchte sie jemanden, mit dem sie sprechen konnte und der ihr sagen würde, was sie tun sollte, aber Tom fing wieder mit Vorwürfen an. Emma sagt heute, dass sie nah daran gewesen sei, ihre Sachen zu packen und zu gehen.

Es passte so gar nicht zu Tom, dass er nicht für sie da war. Emma konnte gar nicht glauben, dass er es war, der da sprach. Glücklicherweise ließ ebendieser Gedanke sie innehalten. Und sie fragte sich: »Moment mal, was ist hier eigentlich los?« Denn Tom war in Gedanken gar nicht bei Emma, er war weit weg in der Vergangenheit. Emmas Probleme erinnerten ihn an das Scheitern seiner eigenen Ehe, als er sich an allem schuldig fühlte, als er der Sündenbock war und trotzdem nicht für seine Rechte eintrat, da er zu viel Angst hatte, die Kinder zu verlieren. Er war wütend auf seine Exfrau und auch auf sich selbst, weil er nicht imstande gewesen war, sich durchzusetzen. Denn Tom hatte einfach nachgegeben, hatte auf sich rumtrampeln lassen und hatte das später immer bereut. Und deshalb hörte er natürlich gar nicht richtig zu, was Emma eigentlich erzählte. Er spielte seine eigene Geschichte mit den in zehn Jahren angesammelten Verletzungen durch. Kein Wunder also, dass es ihm schwer fiel, auf Emma einzugehen.

Wenn Ihr Partner über ein seelisches Problem spricht – das kann eine große Krise oder ein kleines Ereignis sein –, dann fällt es Ihnen vielleicht auch manchmal schwer, sich darauf zu konzentrieren. Sie fühlen sich unwohl, haben den Eindruck, nicht mit der Sache umgehen zu können – und verstehen nicht, wieso. Die Erklärung ist, dass Sie die Verletzungen Ihres Partners zu stark durchleben.

Da ist es nicht erstaunlich, dass Gefühle des Ärgers oder der Trauer auch bei Ihnen hervorbrechen, vielleicht zum Trost, vielleicht aber auch zum Entsetzen Ihres Partners. Dann hat er nicht nur das Gefühl, angeschrien zu werden, sondern Sie nehmen ihm auch allen Raum, selbst zu schreien, indem Sie das so fleißig schon mal für ihn erledigen.

Oder Sie können nicht mit allen diesen unverarbeiteten Gefühlen umgehen, und Sie tun, was Sie können, dass Sie oder Ihr

Partner sich besser fühlen. Also lenken Sie vom Problembereich ab, Sie wechseln das Thema, sind zerstreut, machen einen Witz – alles, was Sie davon befreit, wirklich zu fühlen. Dann bekommt Ihr Partner keine emotionale Unterstützung von Ihnen, und er wird glauben, dass Sie eigentlich gar nicht an seinem Problem interessiert sind.

Das alles ist natürlich nicht einfach. Wenn Ihre Gefühle sich einen derartigen Auftritt nicht nehmen lassen, dann wird es schwer fallen, den Gefühlen Ihres Partners die Hauptrolle zu überlassen. Doch wenigstens für eine Weile ist es besser, wenn Sie hinter den Kulissen bleiben. Lassen Sie Ihre Gefühle schweigen. Akzeptieren Sie die Ihres Partners, damit er sie bearbeiten kann, und bringen Sie ihn an den Punkt, wo er klar denken und klare Entscheidungen treffen kann.

Hier sind vier nützliche Dinge, die Sie sich selbst sagen können, wenn Sie mit den Gefühlen Ihres Partners nicht umgehen können:

♡ Es wird nichts nutzen, wenn ich auch noch meine Gefühle zu diesem Problem hinzufüge. Ich werde die Last meines Partners nur verdoppeln.

♡ Wenn ich mit meinem Partner fühle, dann unterstütze ich ihn. Wenn ich für ihn fühle, dann spiele ich ihn an die Wand.

♡ Es ist hilfreich, wenn ich möchte, dass mein Partner wieder fröhlich ist, damit er nicht mehr leidet. Wenn ich möchte, dass mein Partner wieder fröhlich ist, damit ich nicht mehr leide, dann ist das nicht hilfreich.

♡ Die Gefühle meines Partners werden wieder abklingen. Und dann werden meine an der Reihe sein.

Lesen Sie dies, wenn er mit Ihren Gefühlen nicht umgehen kann

Sie haben es verdient, Gefühle haben zu dürfen. Sie haben eine Beziehung verdient, in der Sie sich gut fühlen können – glücklich, euphorisch, aufgeregt, motiviert. Und Sie haben es tatsächlich verdient, eine Beziehung zu haben, in der Sie sich schlecht fühlen können – wütend, frustriert, ärgerlich. Denn sogar diese unglücklichen Gefühle sind wichtig, sie zeigen Ihnen, wenn etwas schief geht, und machen Sie auf Probleme aufmerksam.

Wenn Ihr Partner keine sehr gefühlsbetonte Persönlichkeit ist, dann wird das Einfluss darauf haben, wie und wie viel Sie fühlen. Manchmal ist das positiv – wenn Sie zum Beispiel vom Typ her himmelhoch jauchzend, zu Tode betrübt sind, dann werden Sie wahrscheinlich froh sein, dass Ihr Partner anders ist und Ihnen etwas von seiner seelischen Beständigkeit vermitteln wird. Wenn sein Mangel an Gefühlen aber eigentlich nur die Unfähigkeit ist, mit Gefühlen umzugehen, wenn er sich jedes Mal zurückzieht oder erstarrt, wenn Sie weinen oder launisch werden, dann kann das ein Problem sein.

Wenn Ihr Partner mit Ihren Gefühlen nicht umgehen kann, wenden Sie die folgenden drei Strategien an:

Geben Sie ihm Sicherheit

Männer sind das Ausleben von Gefühlen nicht gewohnt. So wird ein Tränenausbruch oder ein Anfall von Frust oder Panik, der für Sie schlichtweg Teil Ihres Gefühlslebens ist, ihn glauben lassen, Sie befänden sich am Rande eines Nervenzusammenbruchs. Und das macht ihm Angst, denn er ist um Ihr Wohlergehen bemüht.

Tatsächlich aber werden Sie wieder gut drauf sein, wenn er Ihnen ein paar Taschentücher reicht und Ihnen Zeit gibt, sich auszuheulen. Also sagen Sie ihm das. Erklären Sie ihm, dass Sie sich bald besser fühlen werden. Wenn er erfährt, dass Sie sich schon wieder einkriegen, dann wird auch er sich wieder beruhigen.

Geben Sie ihm etwas zu tun

Ein Mann hat gern das Gefühl, dass er etwas bewältigt und eine Lösung zu jedem Problem findet, vor allem, wenn es ein Problem ist, das jemanden betrifft, den er liebt. Und einfach nur dabeizusitzen, während Sie heulen, ist für ihn keine Lösung. Sie müssen ihm erklären, dass das Dabeisitzen an sich schon eine Hilfe ist. Denn oft muss er nicht viel mehr machen, als Sie festzuhalten, während Sie heulen oder toben.

Sie können Ihren Partner also bitten, etwas für Sie zu tun – Sie zu umarmen, Ihnen zuzuhören, Ihnen die Taschentücher zu reichen. Wenn er das Gefühl hat, gebraucht zu werden, dann wird es ihm viel besser gehen.

Geben Sie ihm seine Belohnung

Wenn Sie wollen, dass Ihr Partner bei Ihnen bleibt, wenn es Ihnen schlecht geht, dann sollten Sie ihn belohnen, wenn er wirklich dableibt. Danken Sie ihm, umarmen Sie ihm, sagen Sie ihm, dass er das gut gemacht hat. Und erklären Sie, was er getan hat und wie Ihnen das geholfen hat. Als Mann wird ihm die Vorstellung vom seelischen Bewältigen der Probleme vielleicht etwas mysteriös erscheinen, sagen Sie also Dinge wie: »Als ich so aufgebracht war und du hier warst und meine Hand gehalten hast, hat mir das wirklich geholfen, mich zu beruhigen und einen Ausweg zu finden.«

Wenn er versteht, warum Sie ihn bitten, sich so oder so zu verhalten, dann wird er viel eher in der Lage sein, es auch zu tun.

Eine einfache Wahrheit über die Liebe

NUMMER 8

Es gibt drei Geheimnisse, wie man eine wundervolle gefühlsbetonte Beziehung aufbauen kann:
Kommunikation.
Kommunikation.
Und Kommunikation.

Lesen Sie dies, wenn er nie mit Ihnen redet

Es ist ja alles schön und gut, wenn hier empfohlen wird, dass Sie mit Ihrem Partner kommunizieren sollen, aber was ist, wenn er nicht redet? Es stimmt immer noch, dass viele Männer in Sachen Kommunikation nicht so gut sind wie Frauen. Und es stimmt auch, dass Männer genauso viel durchs Reden gewinnen wie Frauen – wenn sie es tun. Aber oft fällt es ihnen schwer.

Häufig haben Männer gelernt, dass es schwer ist. Ihr Partner hat vielleicht das Gefühl, Sie seien die Expertin in Sachen Kommunikation, und wenn er redet, hat es einfach nicht denselben Effekt. Oder er ist schon wegen etwas, was er gesagt hat, ausgelacht worden. Er hat sich in ein Schneckenhaus der Nichtkommunikation zurückgezogen, weil das einfach sicherer zu sein scheint.

Wenn es Ihrem Partner schwer fällt zu reden, vor allem über seine Gefühle und Gedanken, dann wenden Sie diese drei Strategien an:

♡ Machen Sie sich den Wert des Schweigens klar. Wenn Sie ihn mit Worten der Ermutigung bombardieren, dann wird ihn das nur unter Druck setzen. Reden Sie stattdessen einfach weniger. Vielleicht ergreift er dann die Gelegenheit, mehr zu reden.

♡ Lernen Sie zu bemerken, wenn er reden will, wenn er Aufmerksamkeit will. Achten Sie auf Signale, die Sie sonst nicht bemerken, wie zum Beispiel langes Schweigen oder körperliche Berührung. Wenn er sich also nach Ihnen ausstreckt, dann kleben Sie sich selbst einen Streifen Klebeband über den Mund.

♡ Machen Sie es für ihn zu einem großartigen Erlebnis, geredet zu haben. Sagen Sie ihm, wie sehr es Sie freut, dass er sich Ihnen anvertraut hat. Stellen Sie Fragen. Zeigen Sie Ihr Interesse. Machen Sie es lohnenswert für ihn, sich aus seinem Schneckenhaus zu begeben.

Lesen Sie dies, wenn er Ihnen nie zuhört

Es ist alles schön und gut, hier vorzuschlagen, dass Sie mit Ihrem Partner kommunizieren sollen, aber was ist, wenn er nie zuhört?

Darauf gibt es ein paar harte Antworten. Wenn Ihr Partner Ihnen nicht zuhört, dann könnte das daran liegen, dass Sie so viel reden, dass er überfüttert ist. Haben Sie die Angewohnheit, die meiste Zeit zu reden, reden Sie, um Stille auszufüllen, reden Sie in dem verzweifelten Versuch, ihn zum Zuhören zu bewegen? Wenn das der Fall ist, dann schaltet er vielleicht auf Durchzug, weil das Zuhören wehtut. Oder könnte es sein, dass Ihr Partner Ihnen durchaus Beachtung schenkt, dass er es aber nicht auf eine Weise zeigt, die Ihnen gefällt? Männer kennen viel weniger soziale Signale als Frauen – und eines ihrer Defizite ist, dass sie nie gelernt haben, auf solche Signale zu achten.

Wenn es Ihrem Partner schwer fällt zuzuhören, dann wenden Sie diese drei Strategien an:

♡ Bringen Sie ihm bei, Ihnen deutlich zu machen, dass er zuhört. Bitten Sie ihn, Signale auszusenden – Augenkontakt, ein Nicken, ein Lächeln. Erklären Sie ihm, dass Ihnen das helfen wird, sich verstanden zu fühlen.

♡ Bringen Sie ihn dazu, Fragen zu stellen. Viele Männer, die an Taten glauben, meinen wirklich, dass ihr Part in einer Konversation das Reden ist, anstatt Sie reden zu lassen. Erklären Sie ihm, dass, wenn er Ihnen Fragen stellt und Ihre Antworten anhört, Sie sich viel mehr anerkannt fühlen werden.

♡ Belohnen Sie ihn für alles, was er tut. Wann immer er Ihnen mit Interesse zuhört, sagen und zeigen Sie ihm, dass Sie sich hinterher besser fühlen. Es soll sich für ihn lohnen, die Ohren aufzumachen.

Lesen Sie dies, wenn »Liebe« für Sie beide etwas anderes bedeutet

Als Ian und ich uns in diesem frühen Stadium befanden, wo man alles über den anderen lernt, war eine Sache, die er mir sagte, dass er es lieben würde, bemuttert zu werden.

Das kannte ich. Meine Mutter war großartig darin. Dazu gehörten Tomatensuppe, warme Decken und vor dem Fernseher auf dem Sofa zu liegen. Sie lief zur Höchstform auf, wenn es mir schlecht ging, konnte aber schon ziemlich gut sein, wenn ich mich nur ein wenig mies fühlte. Also wusste ich genau, was ich zu tun hatte, als Ian das erste Mal eine Grippe bekam. Ich stopfte ihm Kissen in den Rücken, schob den Fernseher in eine Position, wo er ihn sehen konnte, und fing an, ihn auszufragen, was für eine Sorte Suppe er wollte.

Er dachte, ich hätte völlig den Verstand verloren. Denn für Ian hatte »bemuttern« nichts mit Krankheit, praktischer Fürsorge oder warmer Suppe zu tun. Für ihn hieß es, dass er im alltäglichen Leben viel umarmt und bestätigt werden wollte.

An jenem Tag habe ich gelernt, dass, wenn der Partner einem etwas sagt, vor allem über Schlüsselbegriffe der Beziehung, wie »Liebe« oder »Loyalität« oder »treu sein«, man niemals einfach annehmen sollte, schon zu wissen, was er meint. Denn manche Begriffe in einer Beziehung scheinen uns so offensichtlich zu sein, das wir rundheraus davon ausgehen, unser Partner habe dieselbe Vorstellung davon, wofür sie stehen. Sie sind ein Teil unserer Weltsicht beziehungsweise unserer Vorstellung davon, wie die Welt sein sollte. Wir erwarten einfach, dass die Welt unseren Vorstellungen entspricht – und dass unser Partner genauso denkt wie wir. Also machen wir uns oft einfach nicht mehr die Mühe auszusprechen, was wir meinen, und dann entsteht ein Missverständnis. Wir fragen uns dann, warum wir ihn enttäuschen, indem wir seine Erwartungen nicht erfüllen, oder warum wir nicht bekommen, worüber wir uns doch einig zu sein schienen. Wir wundern uns, wenn wir Suppe bekommen, obwohl wir doch in Wirklichkeit viele Umarmungen wollten.

Sprechen Sie die Schlüsselbegriffe in Ihrer Beziehung durch, auch wenn Sie genau zu wissen glauben, was Ihr Partner meint. Stellen Sie einander Fragen über diese Begriffe. Versuchen Sie, ihre ganze Bedeutung auszuloten. Machen Sie so lange weiter, bis Sie sicher sind, alles verstanden zu haben.

Hier sind sechs Schlüsselbegriffe, die Sie mit Ihrem Partner durchsprechen sollten:

♡ Ehrlichkeit – heißt das zum Beispiel, immer die Wahrheit zu sagen? Niemals eine Lüge zu gebrauchen? Sich nur dann zu Wort zu melden, wenn etwas nicht in Ordnung ist?

♡ Freiheit – heißt das zum Beispiel, sagen zu dürfen, was man will? Auch einmal Zeit getrennt voneinander zu verbringen? Schlafen zu dürfen, mit wem man will?

♡ Verbundenheit – heißt das sexuelle Treue? Gemeinsam einen Kredit zu übernehmen? Oder ein Kind zusammen zu haben?

♡ Loyalität – heißt das, einander nicht direkt zu kritisieren? Den anderen nicht gegenüber Außenstehenden zu kritisieren? Da zu sein, wenn es mal schlecht läuft?

♡ Treue – heißt das, keine anderen sexuellen Beziehungen zu haben? Keine anderen seelischen Beziehungen zu haben? Oder überhaupt nicht ohne Erlaubnis mit einem Mitglied des anderen Geschlechts zu reden?

♡ Liebe – heißt das seelische Verbundenheit? Sexuelle Verbundenheit? Ein starkes Gefühl der Zuneigung? Oder das lebenslange Versprechen, zusammenzubleiben?

Lesen Sie dies, wenn es nicht der richtige Moment ist, etwas zu besprechen

Es ist gut zu reden, aber der Zeitpunkt ist nicht immer der richtige.

Natürlich müssen Sie beide mitteilen, was Sie denken und fühlen. Sie müssen sich am Ende des Tages treffen und Sie müssen in einer Krise über Probleme reden können. Doch es gibt Zeiten, wenn Reden alles nur noch schlimmer machen würde, weil Sie vielleicht in dem Moment nicht in der Lage sind, richtig miteinander zu kommunizieren, oder weil die Situation es unmöglich macht.

Hier sind vier Beispiele für Gelegenheiten, bei denen es besser ist, nicht zu versuchen, die Dinge mit Ihrem Partner durchzusprechen, weil ohnehin nichts dabei herauskommen würde:

♡ Einer von Ihnen beiden ist zu müde. Es gibt diesen Mythos, dass man nicht ins Bett gehen soll, ehe man alle Probleme gelöst hat. Wenn Sie aber zu erschöpft sind, um klar denken zu können, oder so abgekämpft, dass es nur Streit geben würde, dann lassen Sie die Sache bis zum Morgen ruhen. Sagen Sie »Ich liebe dich«, schlafen Sie sich gut aus und gehen Sie ausgeruht alles noch einmal an.

♡ Einer von Ihnen ist mit seinen Gedanken woanders. Alles, was den Verstand beeinträchtigt, wird auch die Kommunikation beeinträchtigen. Es wird Ihnen entweder nicht gelingen, Ihre Ansicht zu vermitteln, Sie werden die Argumente Ihres Partners nicht verstehen oder Sie werden sich am Ende nur anschreien. Warten Sie, bis Sie beide einen klaren Kopf haben, und reden Sie dann.

♡ Einer von Ihnen ist auf dem Sprung. Es kann wichtig erscheinen, Probleme durchzusprechen, ehe Sie gehen, aber der Druck, etwas in einer bestimmten Zeit erledigt zu haben, kann die Verzweiflung auch größer machen. Sagen Sie stattdessen deutlich, dass Sie fest entschlossen sind, das Problem zu lösen. Und dann machen Sie einen Termin aus.

♡ Es besteht eine Krise. Wenn der Job, die Familie oder die Kinder einen Notfall hervorgerufen haben, dann müssen Sie erst dieses Problem bereinigen. Und Sie müssen begreifen, dass wer auch immer hauptsächlich damit betraut ist, das Problem zu lösen, sich für eine Weile auf nichts anderes wird konzentrieren können. Wenn die Krise bewältigt ist, werden Sie beide Zeit haben, sich auf das zu konzentrieren, was Sie durchsprechen wollen.

Also, es ist wirklich gut zu reden. Aber es ist wichtig zu warten, bis Sie es auch in aller Ruhe tun können.

Eine einfache Wahrheit über die Liebe

NUMMER 9

Wenn Sie Stress haben und die Dinge außer Kontrolle zu geraten scheinen, dann ist die Versuchung groß, sich fest an das Steuer zu klammern und ohne nach rechts und links zu sehen weiterzufahren.

Das ist wunderbar, wenn Sie es beide greifen und gemeinsam lenken. Aber wenn Sie zur einen Seite lenken und er zur anderen, dann ist die Wahrscheinlichkeit groß, dass Sie einen Unfall verursachen werden.

Lesen Sie dies, wenn Sie gern das Sagen haben

86 Finden Sie es nicht wunderbar, Kontrolle auszuüben?

Wir kontrollieren alle gern. Wir müssen auch die Kontrolle bewahren, um überleben zu können. Kontrolle ist eines der grundlegenden Bedürfnisse, das wir alle haben. Wenn wir hilflos und abhängig sind, dann sind wir in großer Gefahr. Wir brauchen eine gewisse Kontrolle über unsere Umgebung, um Essen und Wärme zu bekommen, über die Menschen, damit sie uns nicht fertig machen und über unsere Reaktionen, damit sie uns nicht aus dem Ruder laufen.

Aber wenn man in einer Beziehung lebt, dann ist Kontrolle ein Problem.

Denn wenn Sie beide Kontrolle ausüben wollen, vor allem, wenn Sie damit unterschiedliche Ziele erreichen wollen, dann können Sie der Meinung sein, dass Sie Kontrolle über den anderen brauchen. Und dann werden Sie nicht mehr als Team arbeiten, um gemeinsam Kontrolle über Ihr Leben zu erlangen, sondern dann wird es zu einem Machtkampf kommen.

Hier sind sechs verdächtige Wege, in denen Sie oder Ihr Partner versuchen werden, Kontrolle auszuüben:

- ♡ Sie geben einander Befehle.
- ♡ Sie machen sich gegenseitig ein schlechtes Gewissen.
- ♡ Sie blocken die Ideen des anderen ab.

- Sie bestimmen über den anderen.
- Sie blocken die Aktionen des anderen ab.
- Sie übergehen die Vorschläge des anderen.

Jetzt denken Sie wahrscheinlich, dass jeder, der das andauernd macht, ein Monster sein muss. Und tatsächlich, wenn Partner auf diese Weise ständig miteinander umgehen, dann wird der Krieg kurz und blutig sein und vor dem Scheidungsrichter enden. (Oder, was vielleicht noch schlimmer ist, im Laufe der Zeit wird einer von ihnen als der enden, der immer alles bestimmt, während der andere sich bis an sein Lebensende unterordnen wird.)

Doch so ärgerlich dieses kontrollierende Verhalten auch ist, jeder von uns wendet es manchmal an. Wir alle greifen gelegentlich darauf zurück, und unser Partner muss es nicht unbedingt merken, selbst wir merken es nicht immer. Und dann richtet dieses Verhalten wirklich Schaden an.

Lesen Sie dies, wenn Sie Angst haben, die Kontrolle zu verlieren

Wenn Sie dazu neigen, in Ihrer Beziehung das Heft in der Hand zu haben, dann wird schon allein der Gedanke, diese Kontrolle zu verlieren, Ihnen erstaunlich unbehaglich sein.

Denn das kann Ihnen wirklich das Gefühl geben, »außer Kontrolle« zu geraten. Und das macht Angst. Diese Angst kann sich auf höchst unterschiedliche Weise bemerkbar machen. Hier ein paar Ängste, die Sie haben könnten:

»Ich habe Angst, mundtot gemacht zu werden«

Vielleicht denken Sie, wenn Sie sich zurückhalten, um Ihrem Partner zu erlauben, sich mehr einzubringen, werden Sie überhaupt nie mehr etwas sagen können. Das stimmt nicht. Kontrolle zu teilen heißt nicht, dass man keine Ideen mehr einbringen kann. Es heißt nur, sie so einzubringen, dass Ihr Partner auch noch eine Chance hat und Sie dann beide die Dinge durchsprechen und als Team arbeiten können.

»Ich habe Angst, vereinnahmt zu werden«

Wenn Sie sich zurückhalten und Kontrolle abgeben, dann wird vielleicht zu Anfang Ihr Partner die Gelegenheit ergreifen und versuchen, alle Entscheidungen zu treffen. Aber wenn er kapiert, dass er nicht mit Ihnen kämpfen muss, um Kontrolle ausüben zu dürfen, dann wird er sich entspannen und Sie werden ein Gleichgewicht der Kräfte haben. Bringen Sie Ihrem Partner bei, wie Sie in der Beziehung kooperieren können, indem Sie es vormachen.

»Ich habe Angst vor Problemen«

Wenn Sie sich zurückziehen und Ihren Partner nicht mehr instruieren und über ihn bestimmen, dann wird er vielleicht Fehler machen – wahrscheinlich macht er das alles zum ersten Mal und muss Entscheidungen treffen, die er noch nie zuvor getroffen hat. Greifen Sie nicht ein, und seien Sie nicht hämisch. Stehen Sie ihm stattdessen zur Seite, wenn er einen Fehler macht, damit er mit Ihnen darüber reden und daraus lernen kann.

»Ich habe Angst davor, alle Kontrolle aufzugeben«

Natürlich sollte man in der Liebe nicht alle Kontrolle aufgeben. Wenn Sie das tun und dann am Ende das Gefühl haben, unterlegen zu sein oder aufzugeben oder abhängig sein zu müssen, dann ist etwas wirklich falsch.

Aber wenn Sie das Gefühl haben, dass in Ihrer Beziehung am wichtigsten für Sie ist, die Kontrolle über alles zu haben, dann ist auch etwas nicht in Ordnung.

Seien Sie also ehrlich zu sich selbst. Müssten Sie eigentlich ein wenig Kontrolle abgeben, um Ihre Beziehung auf eine gleichgewichtige Grundlage zu stellen? Wenn das der Fall ist, dann tun Sie das auch.

Denn wenn Sie jetzt nicht ein wenig abgeben, verlieren Sie am Ende vielleicht alles. Ihren Partner. Ihre Beziehung. Ihre Liebe.

Lesen Sie dies, wenn er immer wieder Macht ausübt

Wenn Sie den Verdacht haben, dass Ihr Partner versucht, die Kontrolle über Ihre Beziehung zu übernehmen, dann haben Sie wahrscheinlich Recht.

Denn es ist ganz natürlich, dass man Kontrolle haben möchte. Selbst wenn es nur Nuancen sind, wird Ihr Partner sehr wahrscheinlich versuchen, die Dinge nach seinem Willen zu entscheiden. Aber wenn er zu viel Kontrolle ausüben will, dann müssen Sie ihm entgegentreten.

Hier ist nicht die Rede von Situationen, in denen es klar ist, dass er die Verantwortung trägt, zum Beispiel wenn er im Auto am Steuer sitzt. Oder von Situationen, wenn sein Fachwissen gefragt ist, zum Beispiel wenn er derjenige ist, der das Rezept kennt. Und hier ist nicht die Rede von den Situationen, in denen Sie beide Ihren Willen durchsetzen wollen, wo aber im Grunde genommen ein fairer Streit stattfindet. Und wir sprechen natürlich nicht von den Situationen, in denen Sie Ihre Wünsche gern zurückstellen, damit Sie beide sich weiterhin harmonisch begegnen können.

Aber wenn Ihr Partner immer wieder die Kontrolle an sich reißt, bei jeder Sache von Bedeutung, bei jeder Kleinigkeit oder auf Kosten Ihrer Gesundheit, dann ist Ihre Beziehung aus dem Gleichgewicht geraten. Und dann muss sich etwas ändern – nämlich Sie.

Denn obwohl Sie keine Schuld an den Kontrollmechanismen Ihres Partners tragen, sind sie letztendlich doch Ihr Problem. Ihr Partner wird sich nicht aus heiterem Himmel ändern. Warum sollte er auch, wenn er gar nicht begreift, dass sein Verhalten ein Problem darstellt? Und wenn er es begreift, dann ist vielleicht seine Methode, Problemen aus dem Weg zu gehen, eine noch stärkere Kontrolle auszuüben.

Wie auch immer, Sie dürfen nicht vergessen, dass Sie die Einzige sind, die hier die Möglichkeit hat, etwas zu verändern, denn Sie sind die Einzige, die das Problem durchschaut. Das kann mit sich bringen, dass man hart durchgreifen oder sogar mächtig Wellen schlagen muss, und das kann so anstrengend sein, dass Sie am Ende beschließen, die Sache auf sich beruhen zu lassen. Aber wenn Sie sich entscheiden, etwas zu ändern, dann schaffen Sie das auch.

Hier sind fünf Dinge, die Sie tun müssen, wenn Sie das Gleichgewicht der Kräfte in Ihrer Beziehung verändern wollen:

♡ Machen Sie sich klar, was Sie wollen. Wenn Sie unsicher sind, dann wird Ihr Partner ganz natürlich die Kontrolle an sich ziehen. Wenn Sie sicher auftreten und klar und deutlich wirken, dann wird ihm das viel schwerer fallen.

♡ Überlegen Sie, was Sie nicht wollen. Wenn Sie keine klaren Grenzen setzen, dann wird Ihr Partner sie auch immer wieder überschreiten, ohne es zu merken. Wenn Sie aber Grenzen setzen, dann wird es Ihnen leichter fallen, ihn auf Abstand zu halten.

♡ Bleiben Sie ruhig, wenn es um Ihre Vorstellungen geht. Wenn Sie sich aufregen und die Nerven verlieren, dann wird Ihr Partner Sie vielleicht überwältigen. Wenn Sie fest stehen, dann wird es ihm viel schwerer fallen, Sie aus dem Gleichgewicht zu bringen.

♡ Seien Sie geduldig. Wenn Sie zum ersten Mal die Kontrollmechanismen Ihres Partners herausfordern, dann wird er heftig und negativ reagieren. Er wird versuchen, Sie davon zu überzeugen, dass Sie unklug, unbewusst oder nicht liebevoll handeln. Halten Sie durch.

♡ Legen Sie Ihre Grundlinie fest. Wenn Ihr Partner sich weigert, die Kontrolle mit Ihnen zu teilen, was machen Sie dann? Wenn Sie nicht genau wissen, wann Sie sagen müssen »bis hierher und nicht weiter«, dann wird er immer weitermachen und seine Macht ausüben.

Lesen Sie dies, wenn Sie beide entscheiden wollen

Meist ist es gut und fair und effektiv, in einer Partnerschaft alles zu diskutieren und Entscheidungen gemeinsam zu treffen. Manchmal ist es der beste Weg in die Katastrophe. Wenn Sie sich in einer Notsituation befinden und die Dinge schnell entscheiden müssen, wenn einer von Ihnen ein Fachmann ist und sich deshalb durchsetzt, wenn ein Projekt eher eine einzige klare Vision braucht als eine Menge verschiedener Ideen, dann tun Sie sehr gut daran, nur einem Partner die Verantwortung zu übergeben und den anderen ihm folgen zu lassen.

Ist das nicht zu traditionell und unserer Gesellschaft nicht mehr angemessen? Sage ich denn hier, dass der Mann alle Entscheidungen treffen sollte und die Frau ihm folgen sollte? Nein, das sage ich nicht. Aber in manchen Situationen und unter bestimmten Bedingungen sollte einer von Ihnen die Entscheidungen treffen und die Verantwortung übernehmen, und der andere sollte sich raushalten.

Manchmal wird Ihr Partner sich raushalten müssen – in dem Fall muss er lernen, Sie den Job machen zu lassen. Und wenn er das nicht kann, dann müssen Sie ihn auffordern, sich zurückzunehmen.

Doch manchmal werden auch Sie es sein. Und wenn das der Fall ist, dann sollten Sie sich zurücknehmen. Versuchen Sie nicht, die Sache zu übernehmen, auch wenn Sie fest davon überzeugt sind, alles viel besser zu können. Versuchen Sie nicht, Ratschläge zu geben, auch wenn Sie wissen, dass Ihr Rat ein guter ist, und stehen Sie nicht auf dem Schleppweg herum und geben Sie keine kritischen Kommentare ab, auch wenn gerade etwas richtig falsch läuft.

Respektieren Sie stattdessen die Vorstellung Ihres Partners, dass er die Sache entwickeln und voranbringen kann. Geben Sie ihm begeisterte Unterstützung, denn es ist nicht leicht, die Verantwortung zu tragen. Helfen Sie ihm, alles zu durchdenken, und zwar auf seine Weise, nicht auf Ihre. Stellen Sie mehr Fragen, als Vorschläge zu machen, loben Sie, anstatt zu kritisieren.

Diese zehn Fragen werden in Zeiten nützlich sein, wenn Sie an der Reihe sind, sich zurückzunehmen:

- ♡ Was willst du machen?
- ♡ Was musst du bedenken?
- ♡ Wie kriegst du das hier auf die Reihe?
- ♡ Was sind hier die Probleme?
- ♡ Was muss man sonst noch machen?
- ♡ Wie kann man ändern, was einen bremst?
- ♡ Wer oder was kann dir helfen?
- ♡ Was soll ich jetzt machen?
- ♡ Was soll ich nicht machen?
- ♡ Oder ganz einfach: Wie kann ich dir helfen?

Diese Strategie wird bei kleinen Problemen helfen, zum Beispiel wenn einer von Ihnen das Essen kocht und der andere nicht. Sie wird auch bei großen Problemen helfen, zum Beispiel wenn einer von Ihnen versucht, mit einem Projekt bei der Arbeit fertig zu werden.

Sie wird nicht in Situationen funktionieren, in denen Sie beide das gleiche Maß an Verantwortung übernehmen und als Team handeln müssen, zum Beispiel in der Kindererziehung. Und man muss vorsichtig und sehr zurückhaltend agieren, wenn eine Entscheidung getroffen werden muss, die alle stark betreffen wird, so zum Beispiel ein Wohnortwechsel.

Doch diese Strategie wird funktionieren, wenn eine Entscheidung getroffen wurde und die unterschiedlichen Folgen, die diese Entscheidung mit sich bringt – zum Beispiel die Frage, wer sich um die Umzugskartons kümmert –, sich besser organisieren lassen, wenn jeder von Ihnen ein Gebiet verantwortungsvoll übernimmt.

Somit kommen wir zu dem folgenden Schluss: Es gibt Situationen in Ihrer Beziehung, in denen es viel besser ist, wenn nur einer von Ihnen das Boot steuert.

Lesen Sie dies, wenn Sie versucht sind, sich überall einzumischen

In Partnerschaften geschieht es leicht, dass man meint, jede Sache, die der andere tut, dürfe inspiziert, kommentiert und besprochen werden.

Tatsache ist jedoch, dass jeder Mensch etwas in seinem Leben braucht, was nur ihm gehört, und zwar ganz allein. Vielleicht ist das der Job. Vielleicht sind es die Hobbys. Vielleicht die Kleidung oder die Freunde, mit denen er ausgeht.

Wenn Ihr Partner etwas hat, das ihm sehr wichtig ist und einen zentralen Bereich in seinem Leben einnimmt, dann zeigen Sie sich auf jeden Fall interessiert. Aber lassen Sie sich nicht dazu verleiten, diesen Bereich zu kommentieren, zu kritisieren oder zu besprechen. Tun Sie einfach nichts, um ihn dazu zu bewegen, die Sache auf Ihre Weise zu betreiben und nicht auf seine.

Manche Dinge, die Ihr Partner denkt, fühlt, sagt und tut, gehören allein ihm – er muss sie ausarbeiten, erfahren und genießen.

Manche Sachen, die Ihren Partner betreffen, gehen Sie einfach nichts an.

Eine einfache Wahrheit über die Liebe

Nummer 10

Liebe kann einem wie ein schwerer Kampf vorkommen.
Er will Kontrolle. Sie wollen Kontrolle. Er will, was er braucht.
Sie wollen, was Sie brauchen.

Legen Sie das Seil um die Dinge, die Sie beide brauchen,
und fangen Sie an, gemeinsam zu ziehen.
Da Sie zu zweit sind, werden Sie das, was Sie brauchen,
doppelt so schnell bekommen.
Und mit halb so viel Anstrengung.

Lesen Sie dies, wenn Sie enttäuscht sind

Als Sie klein waren, gab es sicher einen Erwachsenen, der auf Ihrer Seite stand. Wahrscheinlich war es Ihre Mutter, aber es kann genauso gut Ihr Vater oder ein anderer wichtiger Erwachsener gewesen sein. Wenn Sie sich im Dunkeln fürchteten, haben Ihre Mutter oder Ihr Vater Sie in den Arm genommen und Ihnen ein Gefühl der Sicherheit gegeben. Wenn das Mädchen, das in der Schule hinter Ihnen saß, gesagt hat, Sie seien furchtbar, dann haben Ihre Mutter oder Ihr Vater gesagt, Sie seien wundervoll. Wenn Sie das Gefühl hatten, alles sei so schwierig, dann haben Ihre Mutter oder Ihr Vater Ihnen geholfen, darüber hinwegzukommen, damit fertig zu werden und es in den Griff zu kriegen. Da Ihre Eltern auch nur Menschen waren, konnten sie alle diese Dinge nicht ständig oder voll und ganz erledigen. Aber meistens waren sie da, wenn Sie ein Problem hatten.

In einer Beziehung wollen Sie nicht nur Herzchen und Blumen, Scheinwerfer und Aufregung. In Ihrem tiefsten Innern wünschen Sie sich Mama und Papa zurück. Sie wollen zwar nicht buchstäblich wieder zum Kind werden, aber Sie wollen dieses Gefühl der Sicherheit, der Anerkennung und der Kontrolle wieder haben, das Ihre Eltern Ihnen gaben.

Natürlich wird Ihr Partner sein Möglichstes tun, Ihnen das zu geben. Und vor allem am Anfang der Beziehung, wenn alles aufregend und neu ist, wird es ganz den Eindruck machen, als würde er das auch schaffen. Doch am Ende wird es ihm einfach nicht möglich sein. Er kann Sie nicht immer vor allem bewahren, denn das Leben ist hart. Er kann Ihnen nicht immer nur sagen, Sie seien wundervoll, denn manchmal wird er Sie einfach nicht wundervoll finden. Und er wird Sie nicht immer dominant sein lassen, denn er wird auch manchmal etwas sagen wollen.

Die nackte Wahrheit ist: Wenn Sie erwarten, dass Ihr Partner Ihnen ein absolutes Gefühl der Sicherheit gibt, Sie rückhaltlos anerkennt und Sie über alles bestimmen lässt, dann werden Sie enttäuscht werden. Und wenn Sie zur Zeit von Ihrer Beziehung enttäuscht sind, dann liegt das wahrscheinlich daran, dass Sie von Ihrem Partner erwarten, dass er Ihnen ein absolutes Gefühl der Sicherheit gibt, Sie rückhaltlos anerkennt und über alles bestimmen lässt.

Wenn Sie das bisher noch nicht begriffen haben, dann lernen Sie es jetzt. Leider kann Ihr Partner nicht alles für Sie tun. Denn Ihr Partner ist nicht Ihre Mutter. Ihr Partner ist nicht Ihr Vater. Ihr Partner ist nicht Gott …

Lesen Sie dies, wenn Sie merken, dass Geben nicht leicht ist

Natürlich haben Sie Ihre täglichen Bedürfnisse im Leben. Ihr Partner ebenso. Und wenn Sie sich wirklich lieben, dann werden

Sie ohne große Anstrengung die Bedürfnisse des anderen erfüllen können. Oder nicht?

Es wird jedenfalls behauptet, dass erfolgreiche Liebe so funktioniert. Die Medien – von den romantischen Balladen des Mittelalters direkt bis hin zu den heutigen Top-Ten-Hits – predigen uns, dass es bei Liebe um zwei Menschen geht, die ein Leben lang die Bedürfnisse des anderen befriedigen. Ohne Kampf. Ohne Schwierigkeiten. Ohne Schmerzen. Das ist ein Mythos.

Ja, in den großartigen ersten Tagen wird vielleicht der Eindruck entstehen, als könnten Sie immer geben und geben, alles und jedes, und das einfach, weil Sie einander lieben. Aber später wird es vielleicht passieren, dass das, was von Ihnen verlangt wird, nicht das ist, was Sie geben wollen. Und dann kann es ein wenig anstrengend werden, lieben zu müssen.

In den Medien wird diese Tatsache nie erwähnt. Dort wird uns die eine perfekte Beziehung verkauft, in der man seinem Partner alles geben will und in der er selbst auch alles geben will. Und das lässt nur einen Schluss zu, nämlich dass, wenn Sie das nicht wollen, Ihre Beziehung alles andere als perfekt ist und dass es wahrscheinlich einfach nicht die richtige Beziehung für Sie ist. Und deshalb werden Sie, wenn Sie feststellen, dass Geben gar nicht so leicht ist – und das wird immer irgendwann passieren –, wahrscheinlich in Panik ausbrechen.

Hier ist die Wahrheit, die mit diesem Mythos Schluss macht: Selbst wenn Sie sich wie verrückt lieben, bedeutet die Tatsache, dass Sie verschiedene Menschen sind, dass Sie auch verschiedene Dinge wollen und brauchen. Das ist ganz natürlich und nicht Ihr Fehler. Es wird wahrscheinlich geschehen, wenn sich Ihre Beziehung entwickelt, und wenn Sie sich auf unterschiedliche Art entwickeln.

Denn es wird auch Streit geben. Er wird Sex wollen, und Sie werden müde sein, er wird Unterstützung wollen, und Sie werden zurückhaltend sein. Oder Sie wollen, dass er Ihnen den Rücken massiert, und er wird keine Zeit haben, oder Sie wollen ein Baby, und er wird entsetzt sein.

Solche Situationen sind nicht leicht zu bewältigen, und das sollten Sie sich auch nicht einreden. Manchmal wird es wehtun, Ihrem Partner etwas zu geben oder etwas für Ihren Partner aufzugeben. Und es wird Ihrem Partner manchmal wehtun, wenn Sie etwas nicht ihm zuliebe aufgeben. Und es wird Ihnen manchmal wehtun, wenn Ihnen klar wird, dass Ihr Partner nicht alles für Sie aufgeben wird, und dass er dann auch noch den Mut hat zu sagen, er würde Sie immer noch lieben!

Die Grundregel ist, dass man sogar in den glücklichsten und erfolgreichsten Beziehungen die eigenen Bedürfnisse mit denen des Partners ausgleichen muss.

Und das werden Sie für den Rest Ihres Lebens jeden Tag tun müssen.

Lesen Sie dies, wenn Sie sich fragen, warum Sie überhaupt etwas geben sollen

102 Warum sollten Sie? Warum sollten Sie für die Liebe etwas geben oder gar aufgeben? Die Antwort auf diese Frage ist ebenso pragmatisch wie romantisch.

Weil man etwas gewinnt. Geben ist der Preis einer liebevollen Beziehung. Sie bekommen im Großen und Ganzen das heraus, was Sie hineinstecken. Hier sind drei Belohnungen, die Sie erhalten, wenn Sie geben:

♡ Wenn Sie Ihrem Partner geben, dann wird er kurzfristig gesehen viel stärker motiviert sein, Ihnen auch etwas zu geben.

♡ Wenn Sie Ihrem Partner geben, dann werden Sie mittelfristig gesehen eine Atmosphäre schaffen, in der Sie beide lernen, einander mehr zu geben, und deshalb werden Sie auch mehr voneinander bekommen.

♡ Wenn Sie Ihrem Partner geben, dann werden Sie der natürlichen Tendenz einer jeden Beziehung entgegenwirken, im Laufe der Zeit zu einem Verbund von zwei Individuen zu werden, bei dem jeder nur nach sich schaut.

P. S.: Das ist natürlich nicht immer der Fall. Manchmal wird Ihnen das Herz gebrochen werden. Doch wenn Sie nicht zum Kern der Liebe vordringen und geben, dann werden Sie niemals an den Punkt kommen, wo Herzen überhaupt eine Rolle spielen …

Lesen Sie dies, wenn Ihre Partnerschaft Sie nicht völlig befriedigt

Praktisch gesehen haben Sie alles, was Sie wollen – fast. Sie bekommen von Ihrem Partner, was Sie wollen – beinahe. Aber Sie sind sich nie ganz sicher, ob das auch genug ist.

Wenn das, was in Ihrer Beziehung in Sachen Respekt, Unterstützung und Loyalität geschieht, nicht einmal Ihre grundlegenden Bedürfnisse erfüllt, dann ist diese Beziehung nicht gut genug. Und es lohnt sich auch nicht zu versuchen, die Teile zusammenzufügen. Aber wenn Sie wissen, dass Ihre Liebe im Grunde gut ist, dass es aber einfach ein paar Dinge gibt, die nicht so richtig zu passen scheinen, dann tun Sie dies: Hören Sie auf, das Unmögliche zu fordern. Akzeptieren Sie stattdessen das Mögliche und holen Sie das Beste raus.

♡ Überlegen Sie, welche Bedürfnisse Ihr Partner auf jeden Fall erfüllen muss, wenn er Ihr Partner bleiben soll. (Und sorgen Sie dafür, dass er das auch weiß.)

♡ Seien Sie aber bereit, Ihre Bedürfnisse anzupassen und manche Dinge nicht mehr zu fordern. (Das ist nicht aufgeben, sondern lieben.)

♡ Erfüllen Sie einige Ihrer Bedürfnisse in der Beziehung zu Freunden, Verwandten und Kollegen. (Das heißt nicht, dass Sie sich unloyal verhalten.)

♡ Akzeptieren Sie, dass auch Ihr Partner einige seiner Bedürfnisse in der Beziehung zu Freunden, Verwandten und Kollegen erfüllen wird. (Das heißt nicht, dass Sie ihm nicht genügen.)

♡ Lernen Sie, einander mitzuteilen, welches Ihre Bedürfnisse sind, und dann zu versuchen, sie zu erfüllen. (Seine Bedürfnisse deutlich mitzuteilen heißt nicht, unromantisch zu sein.)

♡ Versuchen Sie herauszubekommen, welche Bedürfnisse Ihr Partner nicht erfüllen kann, und akzeptieren Sie das oder verlassen Sie ihn. (Es ist nicht fair, ihn für Dinge anzuklagen, die er einfach nicht leisten kann.)

♡ Versuchen Sie herauszufinden, welche Bedürfnisse Sie erfüllen müssen, damit Ihr Partner glücklich ist. Und erfüllen Sie sie dann. Oder lassen Sie ihn gehen.

Eine einfache Wahrheit über die Liebe

Nummer 11

*Die schönsten Worte, die Sie je zueinander gesagt haben,
sind wahrscheinlich: »Ich liebe dich.«
Die schlimmsten Worte, die Sie je zueinander gesagt haben,
sind wahrscheinlich: »Du musst wirklich«
und »Ich kann es nicht gebrauchen, wenn du ...«*

*Es ist leicht zu lieben, wenn man um Gefühle gebeten wird.
Es ist schwer zu lieben, wenn man etwas bringen,
etwas schaffen, sich anpassen und sich verändern muss.*

Lesen Sie dies, wenn Sie wollen, dass er sich verändert

106 Es gibt ein altes Sprichwort, das ungefähr so geht: »Ein Mann heiratet eine Frau in dem Glauben, dass sie immer und ewig gleich bleiben wird. Eine Frau heiratet einen Mann in dem Glauben, dass sie ihn verändern kann.«

Es wird Zeiten in Ihrem Leben geben, in denen Sie Ihren Partner verändern werden wollen. Kleine Eigenschaften an ihm nerven Sie. Große Sachen treiben Sie auf die Palme. Natürlich haben Sie den Partner und die Beziehung verdient, die Sie wollen, aber Sie müssen auch die Wirklichkeit in Betracht ziehen. Und in der Wirklichkeit gibt es drei mögliche Entwicklungen.

Manche Dinge an ihm werden sich nie verändern

Ihr Partner ist eine komplexe Persönlichkeit. Seine Begabungen, seine sexuellen Vorlieben, manche Dinge, die er sagt und glaubt, sind so sehr Teil seiner Natur und so wichtig für seine Identität, dass sie wahrscheinlich nie verändert werden können.

Also versuchen Sie es erst gar nicht. Lernen Sie, damit zu leben, und wenn Sie das nicht können, lernen Sie, ohne ihn zu leben.

Manche Dinge an ihm werden sich von sich aus verändern

Der Hansdampf in allen Gassen Anfang zwanzig wird, wenn seine Angewohnheit von seiner Jugend und den Leuten, mit denen er zusammen ist, herrührt, Anfang dreißig ein verantwortungsvoller und solider Mitbürger werden.

Verlassen Sie sich nicht darauf. Aber jeder verändert sich zwangsläufig, da die Lebenserfahrungen, die Menschen, denen man begegnet, die Dinge, die man tut, sich verändern. Wenn also das, was Sie an ihm nervt, mit seiner gegenwärtigen Lebensphase verknüpft zu sein scheint, dann wird bloßes Abwarten das Problem wahrscheinlich erledigen.

Manche Dinge an ihm werden sich durch Sie verändern

Über manche Eigenschaften Ihres Partners haben Sie die Kontrolle, wenn auch nicht in der Weise, wie Sie wahrscheinlich glauben.

Ihr Partner wird sich nicht verändern, wenn Sie mit ihm schimpfen oder ihn beschuldigen oder jedes Mal, wenn er einen Fehler macht, einen Anfall bekommen. Dann wird er entweder die Ohren auf Durchzug schalten oder er wird so tun, als würde er zuhören, aber heimlich die Ohren auf Durchzug schalten.

Außerdem wird die Tatsache, dass Sie meckern, schimpfen und ausfällig werden, nur bewirken, dass er das, was Sie stört, noch öfter macht, zwar nicht bewusst, aber doch, weil Menschen einfach dazu neigen, Dinge zu tun, die ihnen Aufmerksamkeit einbringen, auch wenn diese Aufmerksamkeit negativ ist.

Aber Ihr Partner wird sich verändern, wenn er es will, und wenn Sie ihn darin unterstützen. Und wenn er es will, und wenn Sie ihn unterstützen wollen, dann werden diese vier Leitlinien, die wir aus einem Lehrbuch der Armee übernommen haben, helfen:

♡ Wenn Sie Ihrem Partner sagen, was Sie von ihm wollen, dann wird er es seltsamerweise vergessen.

♡ Wenn Sie ihm zeigen, was Sie von ihm wollen, indem Sie es selbst für ihn machen, dann wird er anfangen zu begreifen, warum Sie darum bitten.

♡ Wenn er es für Sie tut, auch wenn es nur ein einziges Mal ist, wird er es nicht wieder vergessen.

♡ Wenn Sie ihm zeigen, dass er Sie wirklich glücklich macht, wenn er das für Sie tut, dann wird er es immer wieder tun.

Lesen Sie dies, wenn Sie sich verändern wollen, er aber Angst davor hat

Es wird Zeiten in Ihrem Leben geben, in denen Sie sich selbst verändern wollen. Sie werden an diesem Kurs teilnehmen wollen, sich um jenen Job bewerben oder soundso viel Kilo verlieren wollen. Diese Veränderungen werden für Sie vielleicht absolut positiv sein, ein Zeichen dafür, dass Sie sich weiterentwickeln.

Aber sie werden nicht nur Sie verändern, sondern durch Sie auch Ihre Beziehung und Ihr ganzes gemeinsames Leben. Und deshalb müssen Sie, obwohl es Ihr Recht ist, sich so entwickeln zu können, wie Sie wollen, auch die Reaktion Ihres Partners mit einbeziehen. Es gibt drei mögliche Wege, wie er reagieren könnte:

Er ist wirklich glücklich

Großartig. Machen Sie weiter so. Aber vergessen Sie nicht, ihn in das, was geschieht, einzubeziehen. Teilen Sie Ihre Begeisterung und Ihre Erfolge mit, so dass er auch dafür belohnt wird, dass er Sie unterstützt.

Er ist theoretisch gesehen glücklich

Er findet, dass das, was Sie tun wollen, eine großartige Idee ist. Aber Sie haben den Verdacht, dass er nicht ganz so glücklich sein wird, wenn es dann auch eintrifft. Die praktischen Begleiterscheinungen werden ihn stören, weil Sie weniger zu Hause sein werden oder weil er mehr wird tun müssen. Oder die seelischen Begleiterscheinungen werden ihn stören, weil er sich unsicher oder vernachlässigt fühlen wird.

Hier müssen Sie alle möglichen Nachteile mit Ihrem Partner im Vorwege besprechen und klarstellen, dass er weiß, was alles schief gehen kann, und wie Sie beide daran arbeiten können, dass alles klappt. Wenn er die Lösungen kennt, dann wird er von den Problemen nicht so sehr verunsichert sein.

Er ist wirklich unglücklich

Wenn Ihr Partner eine Veränderung, die Sie in Ihrem Leben vornehmen wollen, aktiv blockiert, dann haben Sie drei Möglichkeiten. Entweder Sie geben die Sache völlig auf. Oder Sie machen einfach, was Sie wollen. Oder Sie verhandeln, so dass das, was Sie tun, für Sie beide akzeptabel ist.

♡ Möglichkeit eins wird Sie unzufrieden und unglücklich machen, jetzt und in Zukunft.

♡ Möglichkeit zwei wird ihn unzufrieden und unglücklich machen, jetzt und in Zukunft.

♡ Wenn Sie Ihre Liebe erhalten wollen, ist Möglichkeit drei die einzig sinnvolle.

Lesen Sie dies, wenn er möchte, dass Sie sich verändern

An seinem Hochzeitstag ging ein Ehepaar zu einem wundervollen Essen aus, und zwar in das Hotel, in dem es sieben Jahre zuvor geheiratet hatte. Die Umgebung war herrlich, das Essen göttlich, der Hotelmanager erinnerte sich an sie und brachte ihnen ein Glas Champagner auf Kosten des Hauses. Alles war stimmungsvoll und romantisch. Bis der Nachtisch kam.

Er bestellte etwas Süßes, Klebriges und sehr Kalorienreiches. Sie zählte die Kalorien und bestellte sich selbst nichts davon, bat aber um einen zweiten Löffel. Ja, sie bemerkte, wie er das Gesicht verzog, als sie das tat, aber die Kellnerin lachte und brachte die beiden Löffel, und sie fingen an. Sie hatte ungefähr ein Drittel von dem, was auf seinem Teller war, gegessen, als er verärgert sagte: »Warum hast du dir keinen eigenen Nachtisch bestellt? Dann hätte ich vielleicht etwas von meinem haben können.«

Sie fühlte die Wut in sich hochsteigen. Warum musste so ein wundervoller Abend jetzt in einem Streit enden? Dann holte sie tief Luft und sagte: »Was hätte ich deiner Meinung nach tun sollen?«

Er sagte es ihr, und sie hörte zu. Er redete nicht ewig, denn es war ja nur eine Kleinigkeit. Aber er hatte sich genötigt gefühlt, mit ihr zu teilen. Manchmal wollte er einfach einen ganzen Nachtisch für sich allein haben. Und noch wichtiger für ihn war zu merken, dass sie begriff, dass er genau das brauchte. Nur ein paar Sätze, er dankte ihr und sagte, er fühle sich jetzt besser. Sie fühlte sich auch besser. Beide hatten nicht nur einen Streit vermieden. Sie hatten auch einen neuen Weg gefunden, mit Problemen umzugehen. Er hatte signalisiert, was er brauchte, und anstatt ihm an die Kehle zu gehen, hatte sie ihn ernst genommen und das, was er gesagt hatte, ruhig angehört. Der Unterschied war riesig.

Ein großer Unterschied zwischen Beziehungen, die funktionieren, und Beziehungen, die nicht funktionieren, ist die Frage, ob Sie beide sagen können, was Sie nicht wollen und was Sie wollen, und dann etwas dafür tun.

Das ist natürlich schwer. Es ist wirklich schwer zuzuhören, wenn der Partner einem sagt, was er problematisch findet, was er nicht mag und was er nicht gebrauchen kann. Es ist hart, Sätze zu hören wie: »Es nervt mich wirklich, wenn du … kannst du das nicht anders machen … musst du immer …«

Man kann dann das Gefühl bekommen, kritisiert zu werden und aufgefordert zu werden, sich zu verändern. Und so ist es ja auch. Aber in allen Beziehungen gibt es Zeiten, wenn das, was ein Partner tut, den anderen auf die Palme bringt. Und Sie müssen einen Weg finden, mit diesen Zeiten fertig zu werden. Wenn Ihr Partner Sie also bittet, etwas zu tun oder zu lassen, dann seien Sie aufmerksam. Stellen Sie klar, dass Sie ihn ernst nehmen. So wird er auch Sie ernst nehmen, wenn Sie einmal sagen, was Ihnen nicht gefällt.

Und seien Sie eher offen als defensiv. Natürlich ist das, was Sie tun, nicht falsch oder böse, und Ihr Partner sollte Ihnen niemals weismachen wollen, dass es das ist. Aber Sie drücken mit dem, was Sie tun, bei Ihrem Partner bestimmte Knöpfe, und das ist ein guter Grund, damit aufzuhören.

Vermeiden Sie Gegenangriffe – das funktioniert nur selten. Natürlich macht auch Ihr Partner Dinge, die Sie nerven, aber das ist kein Grund, das nicht abzulegen, was ihn stört. Nehmen Sie sich das, was er sagt, zu Herzen und übernehmen Sie die Verantwortung dafür, es zu verändern.

Und hören Sie sich nicht einfach nur an, was Ihr Partner sagt, ohne dann Taten folgen zu lassen. Natürlich sollten Sie Lösungen diskutieren, die gut für Sie beide sind, und so lange verhandeln, bis Sie beide zufrieden sind. Aber der Ruf Ihres Partners nach Hilfe ist auch ein Ruf nach Taten.

Hier sind ein paar der Erwiderungen, die Ihnen vielleicht durch den Kopf schießen, wenn Ihr Partner Sie verändern will:

> *»Jetzt ist es aber genug! Ich kann mich nicht erinnern, dass er sich einmal mir angepasst hat!«*

Wenn Ihr Partner wirklich noch nie auf eine Ihrer Forderungen gehört hat oder wenn er Dinge einfach abblockt, nur weil Sie sie wünschen, dann ist er machtsüchtig und Sie sollten vorsichtig sein.

Doch normalerweise bilden wir uns, wenn wir wütend sind, einfach ein, dass unser Partner nie zurücksteckt. Wenn wir wieder auf den Teppich kommen und in aller Ruhe darüber nachdenken, erinnern wir uns an viele Gelegenheiten, bei denen er freundlich und großzügig und entgegenkommend war.

Auf jeden Fall soll diese Strategie, wie die meisten in diesem Buch, Sie beide dazu bringen, Ihr Verhalten zu ändern. Das Ziel ist also nicht, dass Sie sich anpassen und er nicht. Sie sollen ein Beispiel geben und ihn so dazu bringen, sich auch anzupassen, um Ihnen eine Freude zu machen.

> *»Ich fürchte, wenn ich mich nach den Wünschen meines Partners verändere, wird er verlangen, dass ich alles, was ich denke, fühle und tue, verändere.«*

Es gibt die reelle Furcht, dass ein Ja zu einem Partner in einigen Dingen bedeutet, dass man zu allem ja sagt. Aber so läuft es in der Regel nicht. In der Praxis ist das, was er wünscht, meist etwas Kleines, eher eine Annäherung in einer Sache als eine großartige Umkehr, eher die Bereitschaft innezuhalten und nachzudenken als eine totale Veränderung der Persönlichkeit.

Wenn das, was Ihr Partner von Ihnen verlangt, gegen Ihre Prinzipien ist, dann sollten Sie allerdings hart bleiben. Doch wenn er Sie um etwas bittet, was Sie tun können, dann sollten Sie wenigstens versuchen, es zu tun. Sie werden feststellen, dass schon eine winzige Veränderung für ihn einen großen Unterschied bedeuten kann.

»Zeige ich mich nachgiebig, wenn mein Partner wütend auf mich ist, wird er dann nicht das Gefühl haben, dass er nur auf mich wütend sein muss, um mich zu kontrollieren?«

Wenn Sie jedes Mal springen, wenn Ihr Partner mit den Fingern schnippt, dann wird er es tatsächlich immer wieder tun. Und wenn er seinen Forderungen Nachdruck verleiht, indem er drängt, unterdrückt oder auf irgendeine Weise seelisch erpresst, dann müssen Sie klar und deutlich nein sagen. Aber wir sprechen hier nicht über solche Fälle. Wir reden davon, dass man zuhören sollte, wenn er etwas zu beklagen hat, damit er sich in diesem Moment ernst genommen, frei und geliebt fühlt.

So wird er auch auf lange Sicht das Gefühl haben, dass Probleme gelöst werden können. Seien Sie etwas großzügiger, was kleinere Störfälle angeht. Und seien Sie viel dankbarer, wenn er sich revanchiert und zuhört, wenn Sie etwas zu beklagen haben.

Wenn Sie beide sich so verhalten, wird Ihre Beziehung einen selbsttätigen Reparaturmechanismus haben. Sie werden im Laufe der Zeit ganz einfach immer weniger von dem bekommen, was Sie nicht wollen, und immer mehr von dem, was Sie wollen.

Eine einfache Wahrheit über die Liebe

Nummer 12

Wenn Ihnen beiden das Gefühl abhanden gekommen ist,
dann gehen Sie nicht einfach davon aus, dass auch die Liebe fort ist.
Gefühle ebben in einer Beziehung ab,
um dann aber auch wieder neu zu fließen.
Und wenn Sie lange in Ihrer Beziehung bleiben wollen, dann
werden Sie viele emotionale Gezeiten durchleben.

Lesen Sie dies, wenn Sie sich auseinander leben

Manchmal scheinen Sie und Ihr Partner sich auf völlig unterschiedlichen Wegen zu befinden. Sie haben unterschiedliche Freunde, unterschiedliche Hobbys und unterschiedliche Interessen. Das sind nicht nur Verschiedenheiten. Es sind äußerliche Zeichen für zwei Menschen, die unterschiedliche Leben leben. Sie müssen vorsichtig sein. Sie müssen handeln, damit Sie nicht zu weit auseinander driften.

Verbringen Sie mehr Zeit miteinander. Sprechen Sie mehr miteinander. Unternehmen Sie den ernsthaften Versuch, den anderen einzubeziehen und für Ihre verschiedenen Leidenschaften zu begeistern. Erinnern Sie sich, dass Sie immer noch füreinander da sind, wenn Sie zusammen sind. Und lassen Sie die Beziehung immer das Zentrum Ihres Lebens sein. Wenn Sie das tun, wenn Sie in seelischer Verbindung bleiben, dann werden Ihre Wege sicher bald wieder zusammenlaufen. Und das wird kein Problem sein.

Doch möglicherweise werden in Ihrer Beziehung die auseinander laufenden Wege ein Problem sein. Denn manchmal sind es nicht nur einfach Ihre Interessen oder Ihre Hobbys, die nicht zusammenpassen, sondern Ihre tiefsten Bedürfnisse.

Es gibt einige Bedürfnisse, die alle anderen einfach überdecken – auch die Liebe. Da kann es sein, dass die unterschiedlichen Wege Sie wirklich voneinander trennen.

Treue

Einer von Ihnen braucht Treue. Der andere – was er auch immer darüber sagt – will sie nicht.

Nur wenige Paare schaffen es, eine offene Partnerschaft glücklich zu leben. Und viele Beziehungen, die von einer Affäre geschüttelt wurden, überstehen das und dauern an. Aber wenn Ihr Partner sich ständig mit anderen einlässt, obwohl Sie das nicht wollen, oder wenn er nicht will, dass Sie sich mit anderen einlassen, obwohl Sie das wollen, dann wird Ihre Beziehung wahrscheinlich daran zerbrechen.

Kinder haben oder nicht

Einer von Ihnen möchte unbedingt Kinder haben, und der andere ist dagegen oder verhält sich so neutral zu dem Thema, dass es einfach ständig hinausgeschoben wird.

Ein Kind zu haben, oder ein Leben ohne Kinder zu leben, kann mehr als alles andere für Sie bedeuten. Es kann mehr bedeuten, als mit Ihrem Partner zusammenzubleiben.

Sexuelle Vorlieben

Was Sie im Bett mögen oder nicht, passt nicht zusammen. Einer von Ihnen beiden fühlt sich von Dingen erregt, die dem anderen egal sind oder ihn sogar ernüchtern.

Die Liebe kann die Frage, ob Sex oder nicht, überleben, vor allem, wenn der Partner, der keinen Sex will, ein Auge zudrücken kann, wenn es um Affären geht. Aber wenn jeder von Ihnen starke sexuelle Bedürfnisse oder Vorlieben hat, die den anderen abstoßen, dann sieht es für die Zukunft schlecht aus.

Einer Vision oder einer Berufung folgen

Einer von Ihnen hatte schon immer einen Traum und meint, wenn er diesen Traum nicht verwirklicht, wird sein ganzes Leben wertlos sein.

Im Vergleich zur Erfüllung eines Lebenstraums kann eine Beziehung unter Umständen einfach zu kurzzeitig und uninspirierend wirken.

Diese vier Schlüsselfragen muss man natürlich nicht im ersten Rausch der Liebe oder im zweiten Rausch des Vertrauens klären. Aber sie liegen immer unter der Oberfläche der Beziehung, wie Haie im Wasser. Sie werden vielleicht glauben, dass Ihre Beziehung wundervoll ist, und sie kann sogar wundervoll sein, doch früher oder später werden Sie über Themen reden müssen, die wichtiger sind als die Beziehung.

Und dann werden Sie langsam begreifen, dass Sie Versprechungen gemacht haben, die Sie nicht halten können.

Auch wenn Sie schon seit Ewigkeiten zusammen sind und das Gefühl haben, Ihre Partnerschaft sei fest wie ein Fels, aber plötzlich eines der oben genannten Themen sehr wichtig für Sie wird, müssen Sie darüber reden, was Ihr Partner fühlt. Und zwar dringend.

Tun Sie das vor allem, wenn Sie Ihre Beziehung mit einem bestimmten Statement eingegangen sind – zum Beispiel: Kinder kommen nicht in Frage – und seither Ihre Meinung geändert haben, dies Ihrem Partner aber noch nicht mitgeteilt haben. Vielleicht hat er ja auch seine Meinung geändert und Sie sind wieder auf derselben Welle. Es kann aber auch sein, dass er seine Meinung nicht geändert hat. Vielleicht denkt er immer noch so wie früher und glaubt dasselbe auch von Ihnen. Wenn das der Fall ist, dann haben Sie ein paar schwierige Entscheidungen zu treffen.

Das, was für einen von Ihnen ein grundlegendes Bedürfnis sein kann, mag für den anderen vielleicht nur eine Möglichkeit sein. Und so kann das, was für einen von Ihnen eine grundlegende Beziehung ist, für den anderen nur mehr zu einer Möglichkeit werden.

Lesen Sie dies, wenn Ihr Versprechen anfängt, sich falsch anzufühlen

Am Tag nachdem sie zusammengezogen waren, bemerkte Sarahs Freund im Vorbeigehen, dass ihre Beziehung nicht etwas für das ganze Leben sei. Zunächst glaubte sie, dass sie ihn falsch verstanden hätte. Sie waren beide fleißig dabei, die Wände zu streichen, jeder auf einer Leiter an entgegengesetzten Enden des Flurs. Sie lachte nur und rief zurück: »Fürs ganze Leben? Das ist aber eine lange Zeit!«

»Nein«, rief er zurück. »Ich habe gesagt, nicht fürs ganze Leben.«

Es entstand ein langes Schweigen. Sarah stieg vorsichtig die Leiter herunter, setzte sich auf die unterste Stufe und sagte: »Wie bitte?«

Genau an dem Punkt, wo sie angefangen hatte, sich zu entspannen, überzeugt war, dass sie einander ein Versprechen gegeben hatten, begann er angespannt zu sein und nach Fluchtwegen Ausschau zu halten.

Denn wenn wir ein Versprechen machen, wenn aus der Partnerschaft ein Zusammenleben wird, wenn aus dem Zusammenleben eine Ehe wird, und wenn vielleicht noch aus den Eheleuten Eltern werden, dann wird mit dem Gefühl der Zusammengehörigkeit auch eine plötzliche Panik aufkommen.

Ja, es ist gut zu wissen, dass wir groß und erwachsen genug sind, um solche ernsthaften Versprechungen einzugehen. Aber mit solchen schönen Sachen kommen auch die Verpflichtungen. Plötzlich fühlen wir uns von allem, was wir in der gegenwärtigen wie auch in der zukünftigen Beziehung tun müssen, eingeengt. »Bis der Tod uns scheidet« fühlt sich wie ein Urteil auf lebenslänglich an. Und wie bei allen großen Veränderungen im Leben wird unsere Beziehung von ganz neuen Erwartungen geprägt werden. Jetzt, wo wir uns gebunden haben, glauben wir vielleicht, dass wir mehr verdienen müssen, mehr zu Hause sein müssen, weniger Sex haben werden und uns wie Mann und Frau benehmen müssen, was immer das heißt. Und wir wollen vielleicht gar nicht Mami und Papi spielen. Oder wir wollen es, aber unser Partner will es nicht.

Vielleicht gewöhnen wir uns nie daran. Manch ein frisch gebackener Ehepartner hat um Freiheit gebettelt, als das Flugzeug nach der Hochzeitsreise auf dem Rollfeld aufsetzte. Oder hat versucht, ein Leben wie ein Single zu leben – mit Freunden auszugehen, bis spät in die Nacht bei der Arbeit zu bleiben und das Geld auszugeben, als gäbe es kein Morgen. Und als gäbe es keine Bindungen. Wenn man Bindungsangst vermeiden will, muss man sich klar machen, was auf einen zukommt.

Wann immer Sie also eine Veränderung in Sachen Bindung durchmachen, sprechen Sie die grundlegenden Dinge ab, um sicherzugehen, dass Sie beide denselben »Vertrag« erwarten. Wenn das nicht der Fall ist, diskutieren Sie und sprechen Sie alles so lange durch, bis Sie sich einigen können.

Hier sind zwölf Dinge, die Sie miteinander besprechen sollten, wenn Sie in Ihrer Beziehung eine neue Absprache treffen:

- Wer erledigt jetzt die Hausarbeit, das Kochen, das Einkaufen?
- Wer muss jetzt arbeiten und wer nicht?

- Wessen Arbeit ist wichtiger?
- Wer trifft die Entscheidungen über das Geld?
- Wer entscheidet, wo wir leben?
- Hat sich unsere Bindung an unsere Familien verändert?
- Ist es immer noch in Ordnung, eigene Freunde zu haben?
- Wie viel Zeit sollten wir jetzt miteinander verbringen?
- Wird sich unsere sexuelle Beziehung verändern, und wenn ja, wie?
- Welche Geheimnisse sollten immer miteinander geteilt werden?
- Was wollen wir mit dieser neuen Absprache erreichen? (Stabilität, Freundschaft, Kinder haben …)
- Wollen wir noch weitere Bindungen oder ist dies der letzte Schritt?

Zwei letzte Hinweise: Kümmern Sie sich zunächst einmal um die Machtverteilung. Beziehungsangst sowohl bei Frauen wie auch bei Männern rührt oft daher, dass die Partner das Gefühl haben, ihre Selbständigkeit mit dem Versprechen aufgegeben zu haben. Sorgen Sie dafür, dass Gleichstellung in Ihrer Beziehung nicht nur anerkannt ist, sondern auch erkennbar wird.

Zum anderen sollten Sie und Ihr Partner nicht die Vorteile vergessen, die Sie durch Ihre neue Absprache erhalten. Denken und reden Sie also täglich über das, was Sie jetzt bekommen und was Sie früher nicht hatten.

Eine einfache Wahrheit über die Liebe

NUMMER 13

Als Sie sich ewige Liebe versprochen haben, dachten Sie,
Sie seien die einzigen Menschen auf der ganzen Welt.
Das sind Sie nicht.
Da draußen gibt es viele aufregende Menschen.
Und einige davon werden an die Tür Ihrer Beziehung klopfen und darum bitten, hereingelassen zu werden.
Sie müssen wissen, was Sie tun werden, wenn es klingelt.

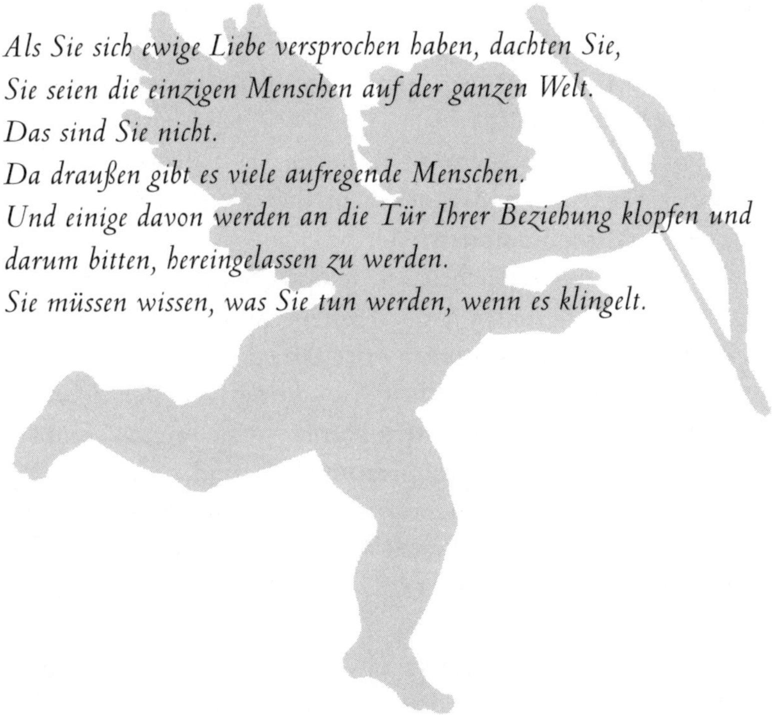

Lesen Sie dies, wenn er eifersüchtig ist

Mit einem eifersüchtigen Partner zusammenzuleben kann einem das Gefühl geben, in einen Käfig gesperrt zu sein. Sie lieben ihn grenzenlos, aber er ist so unsicher. Er fragt sich, wohin Sie gehen, was Sie machen, und vor allem, mit wem Sie zusammen sind. Sie wissen, dass er das tut, weil er Sie liebt, aber Sie fühlen sich dennoch eingesperrt.

Hier sind fünf Leitlinien, an die Sie sich erinnern und nach denen Sie handeln sollten:

♡ Nur weil er eifersüchtig ist, dürfen Sie nicht unloyal sein. Seien Sie ganz klar und deutlich in Ihren Verhandlungen mit ihm, immer ehrlich, immer treu.

♡ Nur weil er eifersüchtig ist, müssen Sie nicht auf Ihr Leben verzichten. Bestehen Sie auf Ihrem Recht auf persönliche Freiheit ohne Einschränkungen oder Druck.

♡ Auch wenn er eifersüchtig ist, dürfen Sie ihn dennoch herausfordern. Helfen Sie Ihrem Partner, seine Ängste zu überdenken und zu erkennen, wie irrational sie sind.

♡ Auch wenn er eifersüchtig ist, sollten Sie dennoch nicht aufhören, ihn zu unterstützen. Helfen Sie ihm, sein Selbstvertrauen zu stärken, so dass er glauben kann, dass er Ihrer Liebe wert ist.

♡ Nur weil er eifersüchtig ist, müssen Sie nicht bleiben. Wenn die Eifersucht Ihres Partners größer ist als seine Liebe, dann sollten Sie ernsthaft darüber nachdenken, wie Sie aus dieser Beziehung herauskommen.

Lesen Sie dies, wenn Sie einen anderen Mann begehren

Eine der Sachen, die Ihnen niemand gesagt hat, als Sie sich rettungslos in Ihren Partner verliebten, ist die: Irgendwann in der Zukunft werden Sie sich höchstwahrscheinlich in jemand anders verlieben.

Es ist nämlich ein Mythos, dass eine Bindung bedeutet, dass Ihre Hormone Scheuklappen bekommen und dass Sie sich nie wieder nach jemand anders umsehen werden. Sogar in den besten Beziehungen werden Sie andere Menschen physisch oder emotional attraktiv finden – und man wird Sie attraktiv finden. Und wenn man es Ihnen sagt oder auf besondere Weise zeigt, dann werden Sie die anderen noch anziehender finden.

Hormone tragen keine Eheringe, und sie sind immer Schwankungen unterworfen. Wenn Ihnen das passiert, dann hat es keinen Sinn, sich selbst zu kritisieren. Lust ist fast unvermeidlich, und es bedeutet ja nicht, dass Sie Ihren Partner nicht mehr lieben.

Ebenso gibt es wirklich keinen Grund, Ihre Beziehung in Frage zu stellen. Sich in jemanden zu vergucken bedeutet nicht, dass Sie mit der falschen Person zusammen sind und dass Sie die Beziehung verlassen sollten, um mit jemand anders eine neue zu beginnen. Diese Möglichkeit kann unter Umständen sehr verlockend sein, zumal eine etablierte Liebe immer mehr Arbeit bedeutet als eine brandneue. Aber es ist völlig natürlich, sich zu jemand anders geistig oder körperlich hingezogen zu fühlen, und es ist kein sicheres Signal, dass Sie das eintauschen sollten, was Sie im Moment besitzen.

Aber Sie müssen genau darüber nachdenken, was Sie als Nächstes tun werden. Denn es gibt einen großen Unterschied zwischen Ihren Gefühlen und Ihren Taten. Und es liegt eine ganze Welt dazwischen, mit jemandem ins Bett gehen zu wollen und es dann auch wirklich zu tun.

Ja, eine Affäre zu haben wird Ihnen vielleicht ein gutes Gefühl geben. Sie könnte mehr Aufregung in Ihr Leben bringen. Sie könnte Ihnen das Gefühl geben, wieder wichtig zu sein, wo Sie sich in Ihrer eigenen Beziehung schon lange nicht mehr bestätigt fühlen. Und sie kann natürlich genau das sein, was Sie brauchen, um sich aus einer Partnerschaft zu ziehen, die jetzt gerade völlig falsch für Sie ist. Aber eine Affäre wirklich zu haben verändert Ihre Beziehung. Für immer und meist zum Schlechten.

Also, erfreuen Sie sich an Ihrer Lust, wenn sie auftaucht – und das wird sie sicherlich tun. Aber überlegen Sie es sich gut, ehe Sie diese Freude auch in die Tat umsetzen.

Durchdenken Sie vor allem die folgenden entscheidenden Fragen:

♡ Weiß ich, was es meinem Partner antun wird, wenn ich eine Affäre habe? Kümmert mich das?

♡ Weiß ich, was es meinem Geliebten (oder seiner Partnerin) antun wird, wenn wir eine Affäre haben? Kümmert mich das?

♡ Was fühle ich, wenn ich mir den Augenblick vorstelle, in dem mein Partner herausfindet, dass ich eine Affäre hatte?

♡ Ist die Lust, die ich für meinen Partner fühle, weniger geworden? Wird die Lust, die ich für meinen Geliebten fühle, auch weniger werden?

♡ Wenn ich in fünf Jahren zurückschaue, was wird dann wohl passiert sein, wenn ich jetzt eine Affäre habe?

♡ Und was sagt mir dies alles über meine Beziehung zu meinem derzeitigen Partner, zu meinem möglichen Geliebten und darüber, was ich jetzt tun sollte?

Lesen Sie dies, wenn Sie glauben, Ihr Partner begehrt eine andere

Der Verdacht wächst langsam in Ihnen, und er ist schrecklich. Ihr Partner hat begonnen, jemand anders als Sie attraktiv zu finden.

Es ist natürlich, andere Menschen anziehend zu finden, und Sie werden ihn nicht daran hindern können. Aber wird er diesem Lustgefühl Taten folgen lassen und so Ihre Beziehung ins Wanken bringen? Da ist es besser, eine Risikoschätzung vorzunehmen.

Hier sind sechs Risikofaktoren, die es wahrscheinlich machen, dass Ihr Partner einen Seitensprung eingeht oder ernsthaft darüber nachdenkt, es zu tun:

- Er war Ihnen schon früher einmal untreu.
- Er war irgendjemand anders früher untreu, vielleicht waren Sie selbst diejenige, mit der er untreu war.
- Er hat in der letzten Zeit viel einstecken müssen und braucht eine Auffrischung des Selbstbewusstseins.
- Er hatte kürzlich einen runden Geburtstag, der ihn nun in Panik über sein Alter verfallen lässt.
- Ihre Beziehung macht gerade eine schwierige Phase durch.
- Sie haben keinen Sex mehr miteinander.

Wenn Sie nach der Lektüre dieser Liste das Gefühl haben, dass die Gefahr, dass er einen Seitensprung eingeht, relativ groß ist, dann müssen Sie handeln. Gibt es etwas, das Sie tun können? Ja, viel.

Suchen Sie sich angemessene Unterstützung

Wenn Sie befürchten, dass Ihr Partner bereits eine Affäre unterhält, dann fühlen Sie sich wahrscheinlich nicht nur betrogen, sondern auch isoliert. Der Mensch, dem Sie all die Jahre vertraut haben, der Mensch, mit dem Sie normalerweise Probleme durchsprechen, hat sich jetzt auf die Seite des Feindes geschlagen. Also brauchen Sie Unterstützung – jemanden, mit dem Sie reden können, der Ihre Gefühle ohne Wenn und Aber akzeptieren wird und der Ihnen helfen kann zu überlegen, was Sie jetzt tun sollten.

Aber seien Sie vorsichtig: Wenn Sie sich einer besten Freundin anvertrauen, dann kann das heißen, dass die für immer gegen Ihren Partner Stellung beziehen wird, auch wenn sich Ihr Verdacht als unbegründet erweist oder Sie nach der Krise wieder zusammenkommen.

Möglicherweise ist es besser, sich in einer unklaren Situation erst einmal einem professionellen Berater oder Therapeuten anzuvertrauen.

Gehen Sie auf die andere zu

Wenn Sie die Person kennen, die er wahrscheinlich begehrt, dann ist es ein guter Schachzug, sich ihr zu nähern. Das kann auf subtile Weise zerstören, was immer gerade geschieht, und einen der beiden dazu bringen, sich zurückzuziehen. Aber es wird die Geschehnisse nicht völlig unterbinden, und es wird das Problem nicht lösen, wenn er sich das nächste Mal nach jemand anders umsieht.

Überlegen Sie sich gut, ob Sie ihn darauf ansprechen wollen oder nicht

Wenn Ihr Partner keine Affäre hat, dann wird es fast immer helfen, wenn Sie über Ihre Befürchtungen sprechen.

Wenn er eine Affäre hat, dann kann es eine Krise hervorrufen, ihn darauf anzusprechen. Er könnte dann das Gefühl bekommen, dass er sich zwischen Ihnen und ihr entscheiden muss – und es kann sein, dass er sich nicht für Sie entscheidet. Ich persönlich würde mich immer dafür entscheiden, einen untreuen Partner zur Rede zu stellen. Doch Sie ziehen vielleicht die sicherere Möglichkeit vor, die Sache jetzt herunterzuspielen und dann Gras darüber wachsen zu lassen.

Wenn es zum Schlimmsten kommt, machen Sie sich klar, was Sie wollen

Wenn eine Affäre entdeckt wird, gibt es meist viel Kopfschmerzen, weil einer oder beide Partner einfach nicht wissen, ob sie sich jetzt trennen oder weitermachen sollen. Ergreifen Sie die Initiative. Verbringen Sie Zeit damit, nachzudenken. Sprechen Sie die Sache mit vertrauenswürdigen Freunden durch. Gehen Sie zu einer Beratung, wenn Sie es wollen.

Entscheiden Sie, was Sie wollen, und sagen Sie das dann Ihrem Partner auch klar und deutlich, anstatt sich von ihm die Bedingungen diktieren zu lassen, nur um dann später festzustellen, dass Ihnen diese Bedingungen eigentlich gar nicht zusagen.

Was immer Sie entscheiden, vergessen Sie eins nicht: Viele Paare, die mit Untreue zu kämpfen haben und sie als Motivation nutzen, um ihre Beziehung zu verbessern, haben Erfolg damit – sie sagen oft, dass ihre Partnerschaft stärker ist als vorher. Auf der anderen Seite sagen die meisten Frauen, die einen untreuen Partner verlassen, dass sie das schon vor Jahren hätten tun sollen.

Solange Sie also das Gefühl haben, dass das, was Sie tun, richtig ist, werden Sie am Ende immer gewinnen.

Eine einfache Wahrheit über die Liebe

Nummer 14

Es gibt keine Beziehung ohne Uneinigkeiten.
Und meist gibt es auch keine Beziehung ohne
Meinungsverschiedenheiten.
Und es gibt meist auch keine Beziehung ohne Konflikte.
Welch ein Glück, dass es meist keinen Konflikt gibt, den eine gute
Beziehung nicht überwinden könnte.

Lesen Sie dies, wenn Sie kämpfen

Das haben Sie natürlich auch schon einmal erlebt. Im einen Moment ist alles in Ordnung, und Sie lachen über seine Witze. Im nächsten Moment wird einer von Ihnen komisch. Sie ziehen eine Augenbraue hoch. Er macht eine scharfe Bemerkung. Sie werden schnippisch. Er schreit. Zwei Minuten später suchen Sie beide die Nummer des Scheidungsanwalts im Telefonbuch.

Dann haben Sie beide soeben den »Zillman-Effekt zum Austausch von Reizen« kennen gelernt. Dolf Zillman, ein Psychologe an der Universität von Alabama, hat über Gefühle geforscht, darunter vor allem über Wut. Und er hat herausgefunden, wenn eine Person Wut empfindet, wird sich diese Wut (oder dieser Reiz) auf den anderen ausbreiten, ganz gleich, ob das ursprüngliche Gefühl auf ihn ausgerichtet war oder nicht.

Diese Reizansteckung hat durchaus einen Sinn. In vorzeitlichen Gruppen des menschlichen Zusammenlebens, bevor es eine Sprache gab, war es nützlich, die Gefühle der anderen aufgreifen zu können, so dass wir gemeinsam handelten, uns verteidigten, angriffen oder flohen.

Doch wenn Liebe im Spiel ist, wird es problematisch, auf diese Weise Gefühle voneinander aufzunehmen.

Denn wenn Sie wütend oder frustriert oder verärgert sind – auch wenn es dabei nur um die Welt als solche geht und nicht um den Partner –, dann werden Sie immer wieder in Schwierigkeiten geraten. So wie die Flammen von einem Haus auf das andere übergreifen, werden Sie sich immer wieder gegenseitig dazu bringen, in Streit zu entbrennen.

Wenn Sie kämpfen, dann passiert das Folgende Schritt für Schritt:

1. Sie bemerken an der Körpersprache des anderen, dass er wütend ist.
2. Sie beginnen, negativ über ihn zu denken.
3. Ihr Körper wird mit Adrenalin überflutet, weil Sie verärgert sind.
4. Ihre Körpersprache wird angespannt.

Und innerhalb von Sekunden:

5. Ihr Partner bemerkt an Ihrer Körpersprache, dass Sie wütend sind.
6. Er beginnt, negativ über Sie zu denken.
7. Sein Körper wird mit Adrenalin überflutet, weil er verärgert ist.
8. Seine Körpersprache wird angespannt.

Und so weiter.

Doch Sie können all dem einen Riegel vorschieben. Wenn Sie oder Ihr Partner wütend zu werden scheinen, dann können Sie verhindern, dass diese Wut von einem auf den anderen übergreift. Alles, was Sie tun müssen, ist, einen der oben beschriebenen Schritte in diesem Prozess einfach anzuhalten. Sie müssen nur eine Brandmauer errichten.

1. Anstatt die verärgerte Körpersprache Ihres Partners zu bemerken …
… versuchen Sie, sich die nervöse Anspannung, die er zeigt, bewusst zu machen. Ärger ist eine Reaktion auf Bedrohung, um genau zu sein, ist es die andere Seite der Angst. Jeder, der ärgerlich ist, hat auch Angst. Wenn Sie bemerken, dass Ihr Partner wütend wird, dann achten Sie darauf, ob er auch ängstlich und erschrocken wirkt. Reagieren Sie auf seine Angst, nicht auf seine Wut, und Sie werden feststellen, dass Sie selbst keine Wut entwickeln.

2. Anstatt zu beginnen, negativ über Ihren Partner zu denken …
… fordern Sie die Negativität heraus. Wenn Sie über Ihren Partner positiv denken können, dann werden Sie den Brandherd löschen. Erinnern Sie sich also daran, dass Ihr Partner sich Ihnen gegenüber normalerweise gut benimmt. Suchen Sie nach mildernden Umständen – er ist müde oder gestresst. Erinnern Sie sich an die guten Zeiten Ihrer Beziehung. Rücken Sie die Dinge in die richtige Perspektive – es ist ja nur ein kleiner Streit.

3. Anstatt Ihren Körper von Adrenalin überfluten zu lassen …
… arbeiten Sie das Adrenalin ab, indem Sie sich bewusst entspannen, am besten gelingt Ihnen das, indem Sie tief durchatmen.

4. Anstatt Ihre Körpersprache angespannt werden zu lassen …
… lassen Sie Ihre Körpersprache bewusst entspannter und freundlicher wirken. Stehen Sie lockerer, verschränken Sie nicht die Arme. Lehnen Sie sich nach vorn. Lächeln Sie, wenn es Ihnen möglich ist, auch wenn das Lächeln etwas angestrengt ist, wird es doch Ihren ganzen Körper entspannen und Ihrem Partner signalisieren, dass Sie wenigstens versuchen, entspannt und verständnisvoll zu sein.

Sie können auch eine Brandmauer bauen, indem Sie die Reaktionen Ihres Partners unterbrechen – indem Sie beeinflussen, was er denkt, was er fühlt und was er tut.

5. Anstatt Ihren Partner an Ihrer Körpersprache bemerken zu lassen, dass Sie verärgert sind …
… lassen Sie ihn merken, warum Sie diesen Ärger fühlen. Erklären Sie ihm: »Ich hatte wirklich einen schlechten Tag, das ist alles … Ich bin sauer auf die Kinder, nicht auf dich … Ich habe einfach solche Angst, dass wir uns wieder streiten werden.« Lassen Sie ihn Ihre Verletzlichkeit wissen, und er wird sofort das Bedürfnis empfinden, Sie zu unterstützen.

6. Anstatt Ihren Partner negativ über Sie denken zu lassen …
… greifen Sie ein und ersetzen Sie die negativen Gedanken durch positive. Erinnern Sie ihn an Ihr gemeinsames Versprechen: »Ich möchte wirklich, dass wir uns das klar machen …« Sagen Sie ihm, dass Sie Verständnis für ihn haben: »Es tut mir Leid, dass es dir so geht …« Ermutigen Sie ihn, an die Zukunft zu denken: »Ich weiß, dass wir das schaffen …«

7. Anstatt zuzulassen, dass Ihr Partner einen Adrenalinschub bekommt …
… geben Sie ihm etwas Zeit allein. Eine der besten Methoden, vor allem für Männer, Wut zu stoppen, ist, sie eine Weile allein zu lassen. Ungefähr zwanzig Minuten »Auszeit« werden meist genügen, vor allem, wenn er in der Zeit etwas tun kann, das ihn ablenkt, wie Lesen oder Fernsehen.

8. Anstatt zuzulassen, dass die Körpersprache Ihres Partners noch angespannter wird …
… helfen Sie ihm, sich zu entspannen, indem Sie ihm Kontakt anbieten. Männer werden von Worten oft überwältigt, vor allem, wenn diese feindselig sind. Aber sie entspannen sich, wenn man ihnen Kontakt anbietet.

Sehen Sie ihm in die Augen. Lächeln Sie ihn an. Nehmen Sie seine Hand. Umarmen Sie ihn.

Schaffen Sie Frieden.

Geld, Hausarbeit, Kinder, Sex – das sind die hauptsächlichen Dinge, über die Paare streiten. Ist das so?

Nein, das ist nicht so. Das sind oberflächlich gesehen die Dinge, über die wir streiten. Unter dieser Oberfläche befinden sich die tiefer liegenden Probleme, und solange Sie diese nicht lösen, werden Sie einfach nur weiterkämpfen.

♡ Sie streiten beide um Sicherheit. Das tiefer liegende Problem ist, dass man Angst hat, von seinem Partner im Stich gelassen, betrogen oder verlassen zu werden. Sie streiten, um sich zu schützen.

♡ Sie streiten beide um Respekt. Das tiefer liegende Problem ist, dass Sie das Gefühl haben, Ihr Partner würde Sie nicht beachten oder wertschätzen. Sie greifen an, um sich zu versichern, dass Sie einen Streit noch wert sind.

♡ Sie kämpfen beide um Selbständigkeit. Das tiefer liegende Problem ist die Frage, wer von Ihnen beiden in Ihrer Beziehung dominiert. Sie streiten, um sicherzustellen, dass Sie zumindest gleich viel sagen können wie er.

Dabei gibt es natürlich ein Problem. Sie sind zu zweit, zwei Menschen, die sich verteidigen, angreifen und streiten. Sie befinden sich also in einem Teufelskreis. Das schlechte Verhalten des einen wird den anderen dazu verleiten, zurückzuschlagen, weil er Sicherheit, Respekt und Dominanz will. Und der andere schlägt dann noch härter zurück, weil er ebenso Sicherheit, Respekt und Dominanz will.

Wenn Sie die hier beschriebenen Argumente kennen, dann haben Sie einen beträchtlichen Schritt vorwärts unternommen. Denn wenn Sie erst einmal wissen, was Ihren Streit unterschwellig bestimmt, können Sie sehr viel tun, um das grundsätzliche Konfliktschema in Ihrer Beziehung zu durchbrechen. Das ist ganz leicht – sorgen Sie Tag für Tag dafür, dass Sie beide bekommen, was Sie brauchen, indem Sie Ihre Beziehung zu einem Ort machen, an dem Sie sich beide sicher und respektiert fühlen und wo Sie den Eindruck haben, gleich viel mitbestimmen zu können wie Ihr Partner.

Doch das erfordert gute Nerven. Sie müssen aus der Gefechtszone heraustreten. Und Sie müssen Ihrem Partner etwas anbieten, das vielleicht schwierig, Furcht einflößend und sogar sinnlos erscheint.

Sie müssen Ihrem Partner geben, was er braucht.

Bieten Sie Sicherheit

Wenn Sie den Eindruck haben, dass Ihr Partner sich unsicher fühlt und streitet, um sich selbst zu schützen …

… dann können Sie diesen Teufelskreis durchbrechen, indem Sie Ihrem Partner Sicherheit verschaffen. Das heißt nicht, dass

Sie selbst verletzbar werden. Es heißt, dass Sie tun, was immer Sie können, um die Aggressionsschwelle herunterzusetzen.

Unterdrücken Sie drohende Sätze. Sprechen Sie mit leiser Stimme und agieren Sie ruhig. Bieten Sie Ihrem Partner eine Berührung an, wenn Sie wissen, dass er das gern hat – nicht, wenn er sich dadurch genötigt fühlt. Was immer seine tiefste Furcht ist, vielleicht, dass Sie ihn verlassen könnten, dass Sie ihn unterdrücken oder dass Sie ihn nicht verstehen, sagen Sie, was Sie ganz ehrlich sagen können, um ihm zu zeigen, dass diese Angst unbegründet ist.

Zeigen Sie Respekt

Wenn Sie den Eindruck haben, dass Ihr Partner sich nicht respektiert fühlt und streitet, um seinen Wert zu erproben …

… dann können Sie diesen Teufelskreis durchbrechen, indem Sie dafür sorgen, dass Ihr Partner sich mehr respektiert fühlt. Das heißt nicht, dass Sie sich selbst herabwürdigen. Es heißt, dass Sie alles tun, was Sie können, um ihm zu zeigen, dass mit ihm alles in Ordnung ist.

Unterdrücken Sie Wendungen, mit denen Sie ihn beschimpfen oder sich über ihn lustig machen. Sprechen Sie warmherzig und liebevoll. Sie müssen nicht unbedingt derselben Meinung sein wie Ihr Partner, aber Sie müssen zur Kenntnis nehmen, was er sagt, und ihn auch wissen lassen, dass Sie das tun. Es wird auch helfen, ihm zu sagen, was er gut macht – im Allgemeinen, in Ihrer Beziehung und sogar während des gegenwärtigen Streits!

Bieten Sie Selbständigkeit

Wenn Sie den Eindruck haben, dass Ihr Partner sich kontrolliert fühlt und streitet, um das gleiche Mitspracherecht zu erlangen …

… dann können Sie diesen Teufelskreis durchbrechen, indem Sie Ihrem Partner erlauben, sich freier und selbständiger zu fühlen. Das heißt nicht, dass Sie aufgeben. Es heißt, dass Sie tun, was immer Sie können, um Machtspiele zu vermeiden.

Unterdrücken Sie dominante Aussagen und vermeiden Sie es, Ihren Partner mit logischen Argumentationen oder mit körperlichen Manövern, zum Beispiel indem Sie ihm den Weg versperren, in die Enge zu treiben. Fragen Sie, was er möchte, hören Sie zu und nehmen Sie es zur Kenntnis. Dann machen Sie deutlich, dass Sie fest entschlossen sind, Zeit und Energie darein zu investieren, dass er und Sie beide Ihre Bedürfnisse erfüllt bekommen.

Vergessen Sie nicht, dass keiner der oben genannten Punkte bedeutet, dass Sie aufgeben oder nachgeben müssen. Es ist hier keine Rede davon, dass Sie sich Ihrem Partner unterwerfen sollen, dass Sie Kompromisse schließen oder nicht einmal, dass Sie ihm zustimmen sollen.

Hier geht es darum, Worte und Körpersprache dazu zu benutzen, seine Unsicherheit zu reduzieren, ihm zu versichern, dass er respektiert wird, und ihn wissen zu lassen, dass er nicht dominiert wird. Wenn Sie das getan haben und er ein besseres Gefühl bekommt, dann können Sie sich beide daranmachen, die Dinge zu Ihrer beider Zufriedenheit durchzuarbeiten.

Solche Strategien haben nichts mit Niederlagen zu tun, sondern sind lediglich Gefechtstaktiken. Sie gehen direkt an den Punkt, an dem Streit entsteht. Ja, wenn Sie beide wieder auf den Teppich gekommen sind, dann werden Sie vielleicht die Meinungsverschiedenheit besprechen müssen, die den Streit einmal ausgelöst hat. Und wenn Sie die beseitigt haben, dann werden Sie weitermachen müssen, bis Sie beide mit dem Ergebnis zufrieden sind.

Doch selbst wenn nur einer von Ihnen das Gefühl hat, sicher, respektiert und selbständig zu sein, dann wird es schon tausendmal einfacher sein, alles andere zu klären.

Lesen Sie dies, wenn Sie nicht vergeben und vergessen können

Das Leben nach einem Streit kann ein wenig so sein, als würde man auf einem Kiesstrand gehen – ein falscher Schritt, und man fällt hin.

Nach einem Streit sind meist beide Beteiligten ein wenig empfindlich. Man möchte gern einfach alles vergessen und weitermachen, aber man hat auch Angst, nochmals angegriffen zu werden oder sich nochmals verteidigen zu müssen. Eine spitze Bemerkung, eine Grimasse, und Sie rutschen wieder in den Streit zurück, fühlen sich schlecht und schlagen um sich.

Hier sind drei Dinge, an die Sie sich erinnern sollten, wenn Sie versuchen, wieder zueinander zu finden, und es nicht gelingen will:

♡ Sie fühlen sich wahrscheinlich genauso wie Ihr Partner. Wenn Sie immer noch wütend sind, dann wird er es auch sein. Wenn Sie eher ruhig sein können, allerdings nicht beleidigt, sondern positiv, ausdauernd und liebevoll, dann werden Sie wahrscheinlich auch das zurückbekommen.

♡ Eine Entschuldigung bedeutet keine Niederlage, es heißt einfach, dass Sie bedauern, was geschehen ist, und hoffen, dass es nicht noch einmal vorkommt. Liebe bedeutet nicht, dass Sie niemals um Entschuldigung bitten müssen, sondern dass Sie bereit sind, um Entschuldigung zu bitten, weil das Ihnen beiden hilft, wieder zu Ihrer Liebe zu finden.

♡ Wenn Sie die Reizthemen nicht ausdiskutieren, dann wird der Streit immer wieder aufflammen, bis Sie es tun. Auch wenn Ihr Streit nur durch Stress und Anspannung verursacht wurde und nicht mit irgendetwas Konkretem zusammenhing, setzen

Sie sich doch noch einmal zusammen und sprechen Sie Ihre Meinungsverschiedenheiten durch. Und beseitigen Sie sie.

Denken Sie daran, dass es keinen Sinn hat, in dem schlechten Gefühl zu verweilen. Wenn Sie sich selbst oder Ihren Partner ständig daran erinnern, wie schmerzhaft es war zu streiten, dann werden Sie sich bald so schlecht fühlen, dass Sie wieder streiten werden. Und wenn Sie Ihre Differenzen klargelegt haben, sollten Sie Ihre Wut vergessen.

Eine einfache Wahrheit über die Liebe

Nummer 15

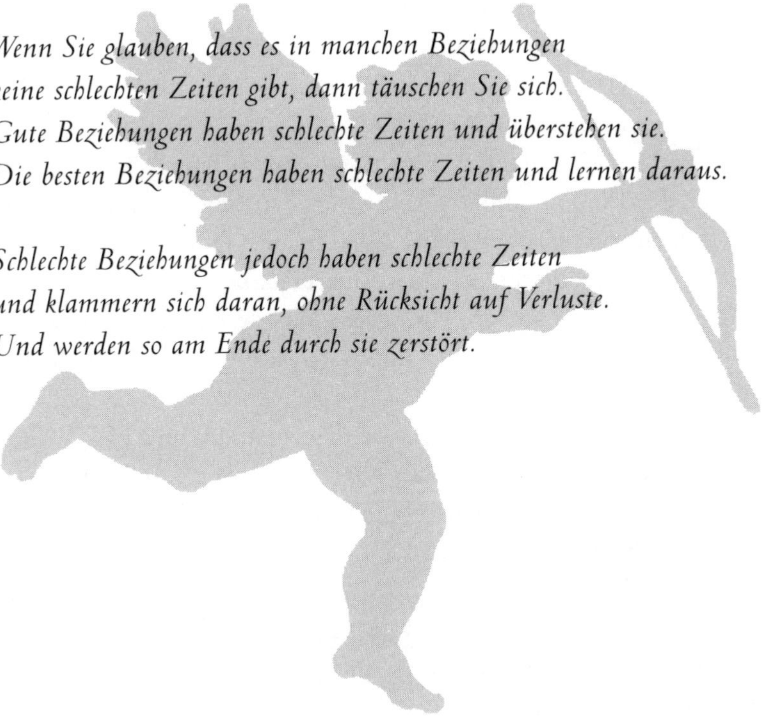

Wenn Sie glauben, dass es in manchen Beziehungen
keine schlechten Zeiten gibt, dann täuschen Sie sich.
Gute Beziehungen haben schlechte Zeiten und überstehen sie.
Die besten Beziehungen haben schlechte Zeiten und lernen daraus.

Schlechte Beziehungen jedoch haben schlechte Zeiten
und klammern sich daran, ohne Rücksicht auf Verluste.
Und werden so am Ende durch sie zerstört.

Lesen Sie dies, wenn Sie ihn am liebsten umbringen würden

150 Als Lucy feststellte, dass sie ihren Partner, der am Küchentisch saß, wütend anstarrte, um dann entschlossen auf das Brotmesser in ihrer Hand zu schauen, wurde ihr klar, dass das, was sie da fühlte, nicht gerade Liebe war.

Und das war der Moment, in dem sie das Messer auf das Schneidebrett knallte und zu Paul hinüberging und sagte: »Wir müssen mal miteinander reden.«

Er hatte nichts getan, womit er sie gereizt hätte. Aber das war gerade der Punkt. Es hatte keinen großen Streit gegeben, keine tief sitzende Unstimmigkeit. Aber in den letzten Tagen hatte Lucy einfach gemerkt, wie sie ohne erkennbaren Anlass immer wütender auf ihn wurde. Und diese Wut war plötzlich gewachsen, hatte sie in einer Weise überwältigt, die sie nicht recht begreifen konnte.

Sie brauchte eine Weile, bis sie das verstand, und es gab auch keine klare Erklärung dafür. Es hatte etwas mit Paul zu tun, der immer bis spätabends arbeitete, unter Stress stand und sich von Lucy abschottete. Dazu kam eine undeutliche Erinnerung an den Vater, der krank wurde und sich auf dieselbe Weise abschottete, und an die achtjährige Lucy, die immer wieder versuchte, ihn zu erreichen, und doch nur auf die sanfte und müde Abwehr des Todkranken traf.

Eine Kombination von unbearbeiteter Trauer und purer Wut auf ihren Vater hatte Dinge in Lucy hochkommen lassen, die sie jetzt überwältigten.

Wie sehr man seinen Partner auch liebt, manchmal kann es doch vorkommen, dass man eine plötzliche irrationale Wut auf ihn verspürt. Und selbst wenn man sich dann nicht gerade mit dem Brotmesser in der Hand sieht, wird man ihm wenigstens eine runterhauen wollen, und zwar so richtig mit Schwung.

Hier ist nicht die Rede von bloßer Wut, sondern von einem Gefühl, das so stark ist, dass es scheinbar den ganzen Körper in Besitz nehmen kann. Hier geht es darum, dass man ihn hasst, obwohl er einem nichts getan hat, oder weil das, was er getan hat, etwas ist, was man normalerweise gar nicht bemerken würde.

Solche Wellen von Wut haben oft überhaupt nichts mit dem zu tun, was im wirklichen Leben geschieht. Sie bedeuten nicht, dass mit Ihrer Beziehung oder mit Ihnen und Ihrem Partner irgendetwas nicht stimmt. Es zeigt bloß, dass hier jemand alle Knöpfe bei Ihnen gedrückt hat. Und die Gefühle, die hochkommen, sind wahrscheinlich sehr tief liegend, sehr schmerzhaft und sehr alt.

So wie bei Lucy gibt es jemanden in Ihrer Vergangenheit, der Sie verletzt hat. Das geschah vielleicht nicht absichtlich, aber Sie sind zurückgewiesen, ignoriert oder erschreckt worden. Vielleicht waren Sie ein Kind, vielleicht war es in einer früheren Beziehung, und sicher geschah es auf eine Weise, dass Sie sich damals nicht davor schützen konnten oder in Ihrer Seele und in Ihrem Herzen keine Lösung dafür finden konnten.

Und jetzt, wenn Ihr Partner an diese Erinnerung rührt, fließen die Gefühle über. Und Sie werden sich höchstwahrscheinlich nicht daran erinnern können, woher sie rühren, aber sie sind da. Wenn Sie diese Art von Wut gegenüber Ihrem Partner empfinden, dann geben Sie ihr nicht nach. Sie hat nichts mit dem zu tun, was hier und jetzt gerade geschieht.

Halten Sie sich zurück mit dem Handeln. Natürlich sind Sie versucht, kurz bevor er in das frisch eingelassene Badewasser steigen will, den Stopfen aus der Wanne zu ziehen. Und natürlich würden Sie gern den Hosenboden aus seiner besten Hose herausschneiden, am liebsten während er drinsitzt. Oder ihn verletzen. Oder sich selbst verletzen. Tun Sie es nicht. Setzen Sie stattdessen Ihre Energie darein, sich zu beruhigen. Atmen Sie tief durch, entspannen Sie sich, so gut Sie können, gehen Sie raus, wenn Sie das Gefühl haben, um sich treten zu müssen.

Wenn die Krise vorbei ist, verwenden Sie Ihre Energie und Zeit darauf, ganz genau zu durchdenken, welche Erinnerung hier vielleicht hochgekommen sein könnte und wer in Ihrer Vergangenheit der wirkliche Übeltäter war. Und wenn Sie sich daran erinnern, dann stellen Sie sich in aller Ruhe vor, wie Sie den Betreffenden langsam in Stücke sägen. Hier taucht ein Geist aus der Vergangenheit auf. Lassen Sie nicht zu, dass er immer wieder zurückkehrt und in Ihrer Beziehung herumspukt.

Was Ihren Partner betrifft, sollten Sie die Wut verfliegen lassen. Seien Sie freundlich, vielleicht sogar etwas mehr als sonst, wenn Sie die natürlichen Gemeinheiten wieder gutmachen wollen, die den anderen manchmal in einer Ihrer schlechten Launen treffen.

Hier sind drei Dinge, die Sie sich sagen sollten, wenn Sie das Gefühl haben, dass Sie Ihren Partner am liebsten schlagen oder umbringen würden:

♡ Das hier hat nichts mit dem zu tun, was jetzt ist. Das hier hat etwas mit der Vergangenheit zu tun.

♡ Ich muss mich nicht so verhalten, ich muss es nur fühlen.

♡ Weil ich meinen Partner hasse, heißt das nicht, dass ich ihn nicht liebe.

Eine einfache Wahrheit über die Liebe

Nummer 16

Nicht alle Beziehungen werden von innen zerstört,
weil man sich schlecht fühlt oder sich bis aufs Blut streitet.

Viele Beziehungen werden von außen zerstört,
durch ständigen Druck, durch einmalige Krisen.

Wenn Sie also von der Welt angegriffen werden,
dann schützen Sie zunächst einander.

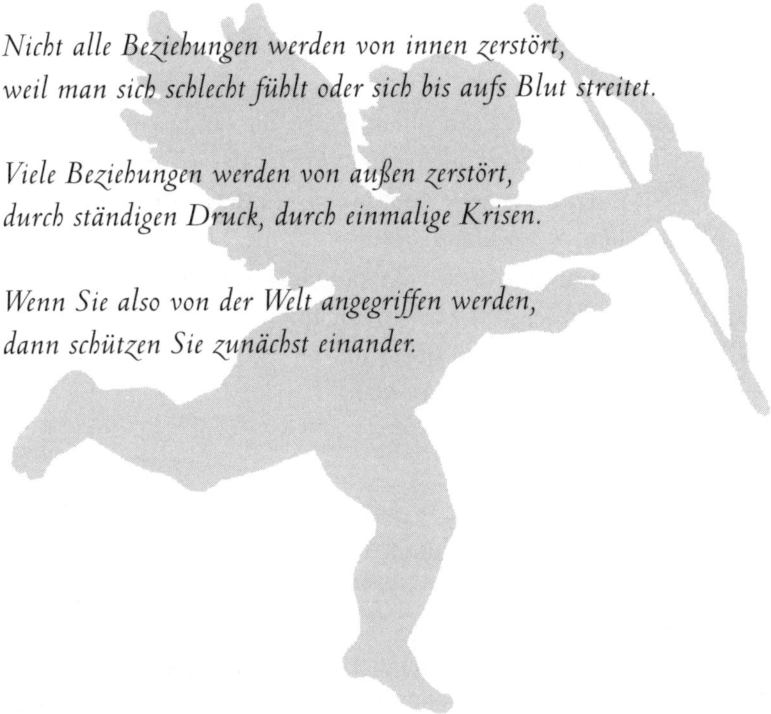

Lesen Sie dies, wenn Sie nicht genügend Zeit miteinander verbringen

Einer meiner liebsten Kollegen arbeitet viel. Aber er findet immer Zeit für Spaß, für Spiel, für andere Menschen. Auf seinem Schreibtisch steht ein Zettel mit dem Spruch: »Wann, wenn nicht jetzt?«

Wann, wenn nicht jetzt – für Ihre Beziehung?

Es kann in der Tat sehr schwierig sein, sich selbst nach oben auf die Liste zu stellen, vor allem, wenn Sie lange zusammenleben und Ihre Aufmerksamkeit nicht mehr darauf gerichtet haben, wie Sie einander gewinnen können, sondern auf die Routine des Alltäglichen. Sie müssen arbeiten … das Haus versorgen … die Kinder herumkutschieren … Freunde treffen … Verwandte besuchen. Die Außenwelt kann so an Ihrer Beziehung knabbern, bis fast nichts mehr davon übrig ist.

Wie können Sie das unterbinden?

Schaffen Sie Zeit füreinander

Kommen Sie wenigstens einmal täglich zusammen, auch wenn es nur für eine Viertelstunde ist. Erzählen Sie einander, was Sie an diesem Tag erlebt haben, was Neues passiert ist. Sprechen Sie die Probleme durch. Bauen Sie sich gegenseitig für den folgenden Tag auf. Und verbringen Sie regelmäßig länger Zeit miteinander – ein fester Abend in der Woche, ein festes Wochenende im Monat.

Sorgen Sie dafür, dass Sie in dieser Zeit nur zu zweit sind

Sie werden keinen rechten Kontakt zueinander finden können, falls in der Zeit, die Sie zusammen verbringen, Sie auch mit Freunden oder Verwandten zusammen sind, denn dann werden Sie zu sehr damit beschäftigt sein, deren Bedürfnisse zu erfüllen und nicht mehr genügend Zeit für Ihre eigenen haben. Sagen Sie also den Freunden ab. Sagen Sie Ihrer Mutter, dass Sie sich nächste Woche mit ihr treffen werden. Geben Sie sich selbst die Chance, einander ohne Ablenkung in die Augen sehen zu können.

Sorgen Sie dafür, dass das eine gute Zeit wird

Es wird nichts nutzen, wenn Sie zusammen sind und doch nicht wirklich zusammen sind. Natürlich sollen Sie sich entspannen und Ihren Kopf dem andern auf den Schoß legen oder umgekehrt. Aber ziehen Sie sich nicht zurück oder sitzen Sie nicht einfach nur auf dem Sofa nebeneinander, um zusammen zu zappen. Kommunizieren Sie miteinander, hören Sie zu, reden Sie, tauschen Sie sich aus und geben Sie sich das Gefühl, miteinander glücklich zu sein.

Investieren Sie Zeit in Ihre Beziehung, dann wird sich Ihre Liebe weiterentwickeln.

Was immer Sie in das Zentrum Ihres Lebens stellen, ist immer das, was am meisten wächst.

Lesen Sie dies, wenn Sie Zeit für sich brauchen

Als Ian und ich beschlossen zusammenzuziehen, wollten wir immer nur zusammen sein. Zu der Zeit arbeiteten wir beide außer Haus, und wir hatten so wenig Geld, dass wir kein besonderes gesellschaftliches Leben führten. Wir gingen niemals aus. Wir wachten morgens nebeneinander auf, frühstückten gemeinsam, arbeiteten Seite an Seite in demselben Büro und kuschelten uns abends aneinander. Es war unglaublich romantisch.

Abgesehen davon, dass wir rückblickend gesehen froh sein können, dass wir uns nicht bevor der erste Monat vergangen war gegenseitig erwürgt haben. Ja, viele Paare begreifen nicht, dass sie Zeit miteinander verbringen müssen. Aber viele Paare begreifen auch nicht, dass jeder das Recht hat, auch mal allein sein zu wollen.

Sie arbeiten den ganzen Tag in einem anstrengenden Beruf, reisen abends in einem überfüllten Bus nach Hause, verbringen den Abend mit den Kindern und stellen am Ende fest, dass Sie sich nichts sehnlicher wünschen als Ruhe und ein wenig persönlichen Raum. Um sich diesen Raum zu verschaffen, fangen Sie dann plötzlich an, Ihren Partner mit spitzen Bemerkungen zu traktieren. Nach dem Motto: Ein guter Streit wird vielleicht nicht klare Luft schaffen, aber wenigstens das Zimmer leeren.

Wenn Sie ein Leben leben, das voller Menschen ist, dann werden Sie merken, dass Sie Zeit allein brauchen – auch ohne Ihren Partner. Das ist kein Grund zur Sorge. Es handelt sich hier um eine biologische Notwendigkeit des Menschen, damit Sie geistig und seelisch wieder auftanken können. Aber wir leben in unserer Gesellschaft so, dass wir nur selten genug Zeit für uns allein bekommen.

Seien Sie also standhaft. Schenken Sie sich jeden Tag etwas Zeit, die nur Ihnen gehört. Erklären Sie das so: »Ich brauche etwas Zeit allein, um mir Klarheit zu verschaffen.« Versichern Sie: »Ich bin nicht verärgert oder wütend, alles ist in Ordnung – ich brauche nur etwas freie Zeit.«

Und was geschah mit Ian und mir? Wir haben es auf die harte Methode gelernt. An einem Abend nach drei Monaten wuchs die Spannung zu solch einem Ausmaß, dass er die Wohnung verließ, und ich dachte, er würde nie wiederkommen. Stattdessen ging er nur einmal um den Block und kam nach einer Stunde mit klarem Kopf wieder hereingestürzt und sagte mir, was er entdeckt hatte: »Ich glaube, ich weiß, was wir falsch machen. Wir brauchen jeder ein wenig Zeit für uns allein …«

Eine einfache Wahrheit über die Liebe

NUMMER 17

In guten und in schlechten Zeiten werden Sie eine
gute Beziehung erhalten, wenn Sie beide gleich viel dazu beisteuern.
Aber Sie werden eine bessere Beziehung erhalten,
wenn Sie die Beiträge von Ihnen beiden auch gleich bewerten.

Nehmen Sie nicht immer an,
das, was Sie geben, sei mehr wert als das, was er gibt.
Oder umgekehrt.

Lesen Sie dies, wenn Sie über Geld streiten

Geld kann Liebe nicht kaufen. Aber es kann sie zerstören.

Es gibt eine interessante Statistik: 44 Prozent aller Paare streiten über Geld, und zwar nicht darüber, ob sie wenig oder viel haben – Liebe kann Armut ebenso gut überleben wie Luxus –, sondern wie sie das ausgeben sollen, was sie haben. Warum ist das alles so zermürbend? Warum sagen so viele Paare, dass es bei ihren schlimmsten Kämpfen um kleine bunte Papierscheine ging?

Wir wollen, was wir wollen

Geld gibt uns die Macht zu bekommen, was wir wollen. Und jeder von uns will irgendwelche Dinge. Wir wollen, was sich für uns richtig anfühlt, und auf die Weise, die sich richtig anfühlt. Warum sollten wir für den Menschen, den wir lieben, auf das verzichten, was wir wollen?

Wir wollen, dass unsere Partner uns geben, was wir wollen

Auf der anderen Seite wollen wir alle versichert sein, dass der Mensch, der uns liebt, das, was er will, für uns aufgeben würde. Wir denken, dass unser Partner, wenn er uns liebt, uns auch zugestehen wird, dass wir das Geld für die Dinge ausgeben, für die wir es ausgeben wollen. Wenn er das nicht will, dann liebt er uns nicht genug.

Wir wollen, was man uns zu wollen beigebracht hat

Wofür wir Geld ausgeben wollen, rührt oft aus unserer Kindheit her. Wenn unsere Eltern Geld nur für die wichtigsten Dinge zur Verfügung stellten, dann haben wir entweder das Gefühl, sparsam sein zu müssen, oder wir werden über die Stränge schlagen und nur ausgeben, ausgeben und nochmals ausgeben wollen. Wie auch immer der Fall liegt, wird sich doch unsere Methode so anfühlen, als sei sie die einzig richtige. Aber wenn unser Partner anders erzogen wurde, dann wird er andere Vorstellungen davon haben, was richtig ist. Und schon sind Schwierigkeiten absehbar.

Wir wollen, was wir wollen, ob wir nun das Geld verdienen oder nicht

Traditionell ist es so, dass der Partner, der das Geld verdient, auch sagt, wofür es ausgegeben wird. Und dann war es immer so, dass »er« das Geld verdiente, »sie« nicht. Heute ist es oft so, dass beide Partner verdienen, und vernünftigerweise wird Geld nicht mehr als der wichtigste Beitrag zu einer Beziehung angesehen. Das bedeutet, dass wir uns mitten in einem Umsturzprozess bezüglich der Vereinbarungen befinden. Beide Partner haben jetzt das Gefühl, Entscheidungen treffen zu dürfen, ob sie nun das Geld in die Partnerschaft bringen oder nicht. Nur manchmal ist es so, dass, wenn ein Partner plötzlich aufhört zu verdienen, der andere vergisst, dass sich die Zeiten geändert haben, und wieder auf die traditionelle Weise zu streiten beginnt.

Wir wollen wissen, dass wir in Ordnung sind, ob wir nun das Geld verdienen oder nicht

Geld scheint ein Problem zu sein, weil es mit Macht zu tun hat, mit der Macht zu bekommen, was wir wollen. Aber es gibt noch einen weiteren Aspekt: die Macht zu haben, Geld auszugeben, erhöht auch unser Selbstwertgefühl. Wenn wir also kein Geld ausgeben können, oder wenn wir kein Geld verdienen und deshalb den Eindruck haben, nicht entscheiden zu können, wie wir es ausgeben, leidet unser Selbstwertgefühl.

Wenn in der Beziehung um Geld gestritten wird, fühlen wir uns nicht nur hilflos. Wir fühlen uns auch wertlos.

Hier sind acht Punkte, die Ihnen helfen werden, die Machtkämpfe zu bewältigen, die Geldprobleme so schmerzhaft machen:

♡ Sprechen Sie miteinander darüber, wie in Ihrer jeweiligen Familie Gelddinge geregelt wurden. Machen Sie die Unterschiede zwischen Ihnen fest und versuchen Sie dann herauszufinden, inwiefern diese Probleme hervorrufen könnten.

♡ Versuchen Sie zu begreifen, dass Ihre Methoden, Geld auszugeben, nicht zwangsläufig gut sind. Und die Methoden Ihres Partners sind nicht zwangsläufig schlecht. Das gilt natürlich auch umgekehrt.

♡ Wenn Sie sich über Gelddinge nicht einigen können, dann gehen Sie, so weit Sie können, ohne dass Sie Panik bekommen, und respektieren Sie die Methoden des anderen.

♡ Wenn Sie beide in einen Streit um Geld geraten, dann werden Sie beide verletzlich sein. Greifen Sie also zu zusätzlichen Versicherungen, zu freundlichen Worten und Umarmungen, um auszugleichen.

♡ Finden Sie einen Weg, jede finanzielle Entscheidung zu organisieren, so dass Sie beide so oft wie möglich so viel wie möglich aus einer solchen Entscheidung gewinnen.

♡ Stellen Sie sicher, dass jeder von Ihnen etwas Geld hat, auch wenn es nur wenig ist, und dass er es so ausgeben kann, wie er möchte, ohne Fragen und ohne Widerspruch.

♡ Wenn einer von Ihnen beiden eine Zeit lang nicht verdient, dann vergessen Sie nicht, dass er oder sie dennoch etwas zu Ihrer Beziehung beiträgt. Bei finanziellen Entscheidungen muss dann die Tatsache zum Tragen kommen, dass Sie beide die gleichen Rechte haben.

♡ Machen Sie sich klar, dass Geld nicht unbegrenzt vorhanden ist. Manchmal werden Sie einfach akzeptieren müssen, dass Sie nicht immer alles haben können.

Lesen Sie dies, wenn er im Haushalt nicht mithilft

Als meine Freundin Louise mir erzählte, dass ihr neuer Freund »keine Hausarbeit macht«, krampfte sich in mir alles zusammen.

Sie ist eine wundervolle und anspruchsvolle Frau. Wie konnte sie nur darauf verfallen, sich mit einem Mann zusammenzutun, der seinen Beitrag zum Haushalt nicht leistete? Sie lächelte und sagte: »Das ist in Ordnung. Ich finde die anderen Seiten von David toll. Er macht so viele Dinge, die ich nicht tun könnte oder wollte. Wir teilen die Arbeit in unserer Beziehung gleichwertig auf. Und außerdem wird er sich ja vielleicht verändern.«

Als ihre Beziehung enger wurde, als sie sich verlobten, heirateten und ein Haus kauften, schaute ich mit Interesse zu, ob Louises Voraussagen eintreffen würden. Denn ich muss schon sagen, dass es mich wurmte, dass sie sich so »traditionell« verhielt. Und gleichzeitig so gelassen. Und in jeder Studie wird einem gesagt, dass die Frage, wer die schmutzigen Socken aufsammelt und den Deckel wieder auf die Zahnpastatube schraubt, mehr Streit verursacht als Themen wie Kinder und Sex. Warum hatten also Louise und David nicht jeden Tag einen großen Streit darum?

Weil Louise mitmachte. Sie schimpfte nicht. Sie machte ihm keine Vorwürfe. David hatte ihr von Anfang an gesagt, dass es für ihn keine Rolle spielte, wie es im Haus aussah, und dass er sich deshalb nicht veranlasst fühlte, Hausarbeit zu leisten – obwohl er fair genug war zu sagen, dass er es tun würde, wenn sie darauf bestünde. Sie hatte das als Teil des Abkommens akzeptiert. Und daran hielt sie sich.

Und dann geschah tatsächlich das Wunder. Eines Tages, nachdem David etwa ein Jahr lang die häusliche Perfektion durch Louise genossen hatte, besuchten sie Freunde. Diese Freunde renovierten gerade ein halb verfallenes Haus und waren in keiner Weise häuslich, legten keinen Wert auf Sauberkeit oder Ordnung oder sauberes Bettzeug.

Und als er am nächsten Morgen, nachdem er eine eiskalte Nacht verbracht hatte, mit einem schmutzigen Badezimmer konfrontiert wurde, war es mit Davids Geduld vorbei. Er holte tief Luft und schlug vor, dass sie abreisen sollten, und zwar sofort. Wieder zu Hause angekommen, brachte er an diesem Abend den Müll raus, und Louise lobte ihn ordentlich dafür. Von dem Tag an machte David Hausarbeit.

Die Moral der Geschichte ist nicht, dass der Partner auf geheimnisvolle Weise seine schlechten Angewohnheiten abschütteln wird, wenn man sich mit ihm in einer halb verfallenen Bruchbude aufhält.

Die erste Moral dieser Geschichte ist, dass, wenn Sie sich mit einem Mann zusammentun, für den Hausarbeit nichts bedeutet, Sie auf verlorenem Posten stehen, wenn Sie erwarten, dass er mit anpackt. Da gibt es nur zwei Möglichkeiten: Machen Sie die Hausarbeit, aber machen Sie sie allein und so, wie Sie es haben möchten, denn Sie wollen schließlich, dass sie gemacht wird. Oder machen Sie die Hausarbeit nicht und leben Sie mit den Konsequenzen. Erwarten Sie nicht von ihm, dass er sie gemacht haben möchte, denn das wird er nicht.

Die zweite Moral ist, dass eine gute Beziehung auf eine Arbeitsteilung gegründet ist, die Ihren Stärken und Schwächen gut angepasst ist. David machte keine Hausarbeit. Aber Louise machte viele andere Dinge nicht, die für ihre Beziehung wichtig waren. Und sie freute sich, dass sich das so gut ausglich. Manchmal funktioniert es einfach besser, wenn jeder von Ihnen seine Reihe von Arbeiten übernimmt. Solange Sie beide die gleiche Last tragen, spielt es keine Rolle, wer von Ihnen die Federn trägt und wer das Blei.

Natürlich sollten Sie sich auf keinen Fall auf eine Verteilung einlassen, die Ihnen unfair erscheint. Wenn Sie zum Beispiel beide berufstätig sind und Sie dann neunzig Prozent der Hausarbeit erledigen, während er sich nur an zehn Prozent heranmacht, dann sollten Sie sich wehren. Aber tun Sie das ruhig und nicht wütend, denn sonst stellt er vielleicht die Ohren auf Durchzug. Listen Sie alle Jobs, die in Ihrer Beziehung anfallen, auf, zeigen Sie ihm diese Liste und bestehen Sie dann darauf, dass die Aufgaben geteilt werden. Und bleiben Sie fair – wenn er jede Woche das Auto betankt, dann ist das genauso viel, wie wenn Sie jeden Abend die Katze herauslassen. Aber wehren Sie sich unter allen Umständen.

Die dritte und letzte Moral dieser Geschichte ist, dass ein Partner lernen kann. Nicht wenn Sie meckern, nicht wenn Sie ihm Vorwürfe machen, nicht wenn Sie die Maßstäbe so hoch anlegen, dass er scheitern muss. Und natürlich nicht, wenn Sie jedes Mal, wenn er versucht, etwas über Hausarbeit zu lernen, ihm das Bügeleisen aus der Hand nehmen, die Augen verdrehen und es dann selbst machen. (Alles, was er daraus lernen wird, ist, dass er im Bügeln eine Niete ist und dass, wenn er nur schlecht genug ist, Sie es für ihn machen werden.)

Aber wenn Ihr Partner erkennen kann, wie wichtig Hausarbeit ist, und Sie ihm dann eine Chance geben, sich daran zu beteiligen, und wenn Sie ihm zeigen, wie sehr Sie sich darüber freuen, dann wird er ebenso wie David vielleicht einfach etwas lernen.

Lesen Sie dies, wenn Sie seit Ewigkeiten nicht mehr miteinander geschlafen haben

Die folgende Geschichte habe ich zufällig gehört, aber ich habe nicht absichtlich gelauscht. Ich saß mit einer Freundin beim Essen bei unserem Lieblingsitaliener, und als der Abend halb vorbei war, kam eine Gruppe von ungefähr sechs Frauen herein, die offensichtlich direkt von einer späten Büroschicht kamen.

Sie nahmen den Tisch neben uns, bestellten sofort drei Karaffen Rotwein und fingen dann an, ihn zu trinken. Sie waren offenkundig müde, ein wenig laut, ein wenig kicherig, und als wir bei unserem Nachtisch angelangt waren, hatten sie die nächsten drei Karaffen bestellt.

Und dann brach die Dunkelhaarige in dem roten Kleid in Tränen aus.

Irgendjemand legte den Arm um sie, und jemand anders reichte ihr ein Taschentuch herüber, und alle fragten, was denn los sei. Die Weinende schniefte, putzte sich die Nase und sagte laut genug, dass ich es ohne Probleme hören konnte: »Ich weiß einfach nicht, was falsch ist. Ich weiß nicht, was ich tun soll. Wir … Wir haben … Wir schlafen jetzt nur noch zweimal in der Woche miteinander, und früher doch jede Nacht!«

An diesem Punkt fingen alle an zu lachen. Als die anderen sich wieder beruhigt hatten, fingen drei Frauen sofort an, ihr zu erzählen, dass alles in Ordnung und dass das normal sei. Und dass sie, wenn sie immer noch zweimal in der Woche miteinander schlafen würden, viel glücklicher sei als die meisten Frauen.

Ich hörte zu, und sie tat mir Leid, obwohl es mich überhaupt nicht erstaunte, dass sie so verzweifelt war.

Von allen Problemen, die Paare mit Sex haben können, ist das am meisten verbreitete, dass sie keinen haben. Ich wette, dass, wenn man alle Leute in einem Restaurant, an einem Arbeitsplatz, in einem Kino oder in einem Einkaufszentrum befragen würde, man herausfinden würde, dass die meisten Paare, die mehr als ein paar Jahre zusammen sind, nicht mehr so oft miteinander ins Bett gehen wie früher. Und nicht im Entferntesten so oft, wie sie gern würden. Wenn Sie also in derselben Situation sind wie die Frau in dem Restaurant, dann sind Sie nicht allein.

Aber vielleicht wissen Sie überhaupt nicht, was Sie tun sollen. Die Gründe, warum Sie nicht miteinander schlafen, können so komplex sein, dass es Ihnen wie ein Rätsel in einem Kriminalroman vorkommt. Hat es angefangen, als er auf die Nachtschicht übergewechselt hat? Oder als das Baby kam? Oder nach diesem furchtbaren Streit, den Sie hatten? Oder mit diesem riesigen Projekt bei der Arbeit, das den Gedanken an Sex in Ihrem Kopf ganz nach hinten geschoben hat?

Aber wie in jedem Krimi ist es möglich, das Problem, warum Sie nicht mehr miteinander schlafen, zu entdecken und zu lösen. Suchen Sie nach Motiv, Mittel und Gelegenheiten …

Gelegenheit

Um Sex zu haben, brauchen Sie die Gelegenheit dazu. Sie müssen ganz einfach die Zeit und den Raum haben, es zu tun.

Möglicherweise haben Sie diese Gelegenheit nicht. Der Tag hat nicht unbegrenzt viele Stunden. Oder Sie haben den Raum nicht, vor allem, wenn Sie Kinder haben, die dazu neigen, ohne Ankündigung in Ihr Schlafzimmer spaziert zu kommen. Das beste Verhütungsmittel der Welt ist ein Dreijähriger, der noch nicht begriffen hat, wie schön es ist durchzuschlafen.

Also reservieren Sie sich Zeit. Buchen Sie sie. Stellen Sie lieber jede Woche einen ganzen Abend für Sex zur Verfügung als nur die Viertelstunde bevor Sie einschlafen. Fahren Sie lieber mal ein Wochenende weg, als den Laden zu Hause zu schmeißen und gleichzeitig zu versuchen, Ihr Sexleben auf dem Laufenden zu halten. Vielleicht verbringen Sie ja die ersten drei Abende oder Wochenenden einfach mit Schlafen. Aber nach und nach werden Sie dahinter kommen und die Gelegenheit nutzen können, die Sie sich selbst geben.

Mittel

Um Sex zu haben, brauchen Sie die Mittel dazu. Das heißt, Sie müssen vor allem einmal erregt werden und dann einander wissen lassen, dass Sie es sind.

Manchmal passiert das einfach nicht mehr. Sie lieben einander, Sie fühlen sich wohl miteinander. Aber erregt? Wie bitte?

Das ist vor allem dann wahrscheinlich, wenn Sie eine Weile lang keinen Sex mehr hatten und jedes Mal, wenn Sie daran denken, nervös und peinlich berührt werden und im Geiste abwehren. Fangen Sie an, wieder romantisch zu werden. Überwinden Sie die Nervosität und die Peinlichkeit durch schlichte gute Gefühle füreinander und Vertrauen in Ihre Beziehung.

Ein anderes Problem kann sein, dass Sie durchaus erregt sein können, aber es einander nicht sagen. Sie fürchte zurückgewiesen zu werden. Oder Sie haben die nonverbalen Zeichen nicht mehr drauf, die Ihnen früher signalisierten: »Lass uns zusammen ins Bett gehen.« Zeigen Sie es also deutlich, wenn Sie ihn wollen.

Und seien Sie gewillt, es wenigstens zu probieren, wenn er deutlich macht, dass er Sie will – wenn Sie nach fünf Minuten wirklich nicht in Schwung gekommen sind, dann sagen Sie stopp. Manchmal kann eine langsame Bewegung in Richtung Sex die Erregung schaffen, die Sie brauchen, um den ganzen Weg zu gehen.

Und dann gebrauchen Sie Ihre Fantasie. Das bedeutet keinen Verrat an Ihrer Liebe, und es kann ein wundervoller Beginn sein. Reden Sie über das, was Sie miteinander machen wollen, spinnen Sie Geschichten von idealem Sex zusammen und sprechen Sie über die besten Zeiten, die Sie zusammen hatten. Wenn Ihre Körper nicht ohne Schwierigkeit auf eine sexuelle Ebene gelangen, dann benutzen Sie Ihren Geist, um die Verbindung herzustellen.

Motiv

Um Sex zu haben, brauchen Sie ein Motiv. Sie müssen sich vorstellen können, dass es etwas gibt, für dass sich die Sache lohnt, wenn Sie erst einmal über das erste Vorspiel hinweg sind.

Deshalb müssen Sie ganz einfach dafür sorgen, dass Sie – ebenso wie er – einen Orgasmus haben werden. Vielleicht hatten Sie ja noch nie einen. Oder Sie hatten früher welche, doch jetzt nicht mehr, weil das Vorspiel immer kürzer geworden ist. Wenn das der Fall ist, dann wird Ihr Körper vielleicht nicht mehr so recht einsehen, dass sich die Mühe lohnt. Finden Sie also – wieder – heraus, wie Sie Sex möchten, so dass Sie beide auch in den meisten Fällen zum Höhepunkt kommen.

Und bringen Sie einander auf den neuesten Stand darüber, was Sie anregt. Die Geschmäcker verändern sich, und die Nervenenden ebenso, und was Sie anturnte, als Sie gerade frisch verliebt waren, wird jetzt vielleicht Routine oder unbedeutend sein. Sprechen Sie also regelmäßig darüber, was Sie wirklich mögen und was Sie wirklich anregen würde.

Sex muss auch seelisch motiviert sein. Wenn Sie sich nicht anerkannt, vertrauenswürdig und vertrauend fühlen, dann werden Sie kein Bedürfnis nach Sex haben. Das effektvollste Aphrodisiakum ist, einander zu sagen, dass man sich immer noch liebt und mag, nicht nur, dass man Lust aufeinander hat.

Und noch eine letzte Warnung: Körper, Geist und Gefühle müssen zusammenarbeiten, um ein eingeschlafenes Sexualleben wieder zu erwecken. Leidenschaft ist nicht dumm – sie merkt schon, wenn ein Teil von Ihnen nicht wirklich interessiert oder hingebungsvoll ist. Deshalb würde es nicht funktionieren, sich einfach auf alberne Verkleidungen oder großartige neue Techniken zu verlegen, wenn es denn nun sein muss. Und möglicherweise wird sogar professionelle Hilfe vonnöten sein, um Ihre Probleme zu lösen, vor allem die seelischen – eine unterschwellige Ablehnung und der Wunsch nach erotischer Erfüllung sind keine guten Bettnachbarn.

Aber wenn Sie den Sex zurückhaben wollen und bereit sind, das zu Ihrem Hauptziel zu machen, dann werden Sie sicher Erfolg haben.

Vielleicht haben Sie das Gefühl, dass es unmöglich sei, tote Leidenschaft wiederzubeleben. Aber es ist möglich.

Eine einfache Wahrheit über die Liebe

Nummer 18

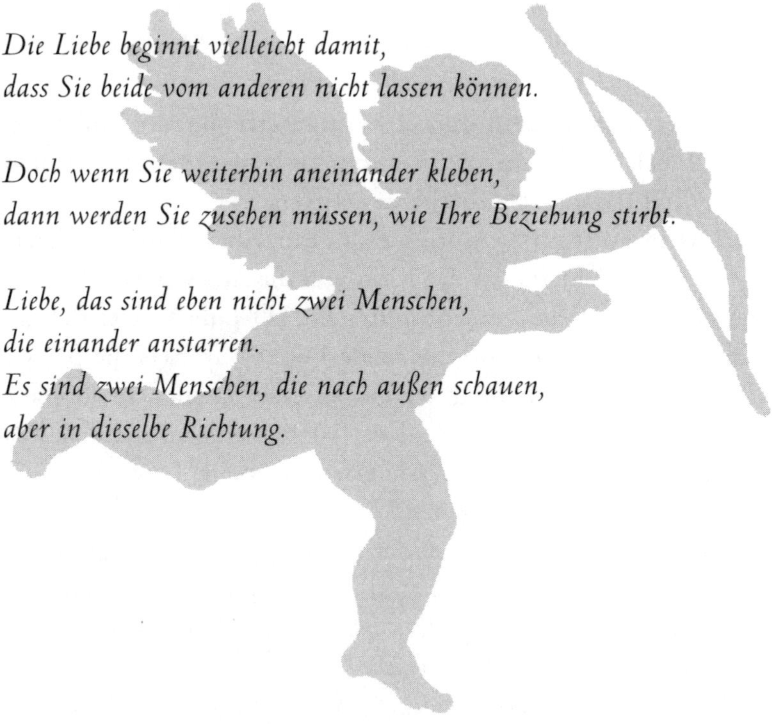

Die Liebe beginnt vielleicht damit,
dass Sie beide vom anderen nicht lassen können.

Doch wenn Sie weiterhin aneinander kleben,
dann werden Sie zusehen müssen, wie Ihre Beziehung stirbt.

Liebe, das sind eben nicht zwei Menschen,
die einander anstarren.
Es sind zwei Menschen, die nach außen schauen,
aber in dieselbe Richtung.

Lesen Sie dies, wenn Sie immer über die Kinder streiten

178 Im vorigen Frühjahr saß ich eines Tages auf einer Parkbank und las ein Buch. Und direkt vor mir im Gras saß ein kleiner Junge, vielleicht vier oder fünf Jahre alt.

Auf der Bank neben meiner saßen seine Eltern. Sie kümmerten sich großartig um den Kleinen. Alle paar Minuten rief die Mutter den kleinen Jungen zu sich heran. Wenn er kam, warf sein Vater einen Ball für ihn oder ermunterte ihn, die Tauben zu jagen. Doch ich konnte nicht umhin zu bemerken, dass sie sich in der Zeit dazwischen furchtbar stritten.

Ich weiß nicht genau, worum es im Einzelnen ging. Der Streit drehte sich jedenfalls um das Kind und die Art, wie es aufwuchs und wie es sich benehmen sollte. Die Details spielten dabei keine Rolle. Und der entscheidende Punkt war, dass die beiden unterschiedlicher Meinung waren, was den kleinen Jungen anging. Und dass sie beide so leidenschaftlich zu dem standen, was sie glaubten, dass es wehtat. Sie taten mir beide Leid. Sie beide liebten ihren kleinen Jungen sehr.

Plötzlich fiel alles auseinander. Sie wandte sich abrupt ab. Er stand schnell auf. Und während ich hinhorchte, wurden ihre Stimmen immer lauter, so dass ich deutlich hören konnte, was sie als Letztes zueinander sagten.

Sie sagte: »Er ist unser Sohn. Unser Sohn!«

Und er antwortete: »Ja, das ist er. Aber das glaubst du ja anscheinend nicht. Du lässt mich nicht einmal versuchen, sein Vater zu sein. Gut. Wie du willst.« Und er ging davon.

Ich hörte, was der Mann sagte, und ich wusste, was er meinte. Denn obwohl es sehr wichtig ist, einander zu lieben, trifft die Liebe zu den Kindern direkt ins Herz. Um sie zu schützen, würde man sein Leben aufs Spiel setzen. Und man würde seine Beziehung aufs Spiel setzen.

Wenn Sie also finden, dass Ihr Partner in Sachen Kindererziehung falsch liegt, dann werden Sie ihn leicht überfahren, denn Ihre Kinder müssen das Beste bekommen. Und Sie meinen, dass Sie am besten wissen, was das Beste für Ihre Kinder ist.

Folglich verwandeln Sie sich gern in die streitbare Tigerin, wenn die Vorstellung des Partners von der Versorgung der Kinder von Ihrer abweicht. Es kommt nicht in Frage, dass Sie etwas tun, was weniger als das Beste für Ihre Brut wäre.

Sie haben gute Gründe für das, was Sie tun. Und oft haben Sie auch Recht. Aber ich möchte eine Warnung aussprechen, die ich im Laufe der Jahre von vielen Müttern und Großmüttern gehört habe: Ihr Verhalten als Muttertier ist manchmal auch sehr gefährlich.

Denn entweder beharren Sie beide auf Ihren Standpunkten und werden dann immer extremer. Oder Ihr Partner wird die Lektion lernen, die Sie ihm so verzweifelt gern beibringen möchten, nämlich, dass er keine Ahnung hat.

Und dann wird er, anstatt auf seinem Standpunkt zu beharren und zu versuchen, etwas dabei zu lernen, sich einfach ausklinken – so, wie es der Vater im Park tat – und die ganze Sache Ihnen überlassen. Er wird sich zurückhalten und beobachten, wie seine Kinder ihm entgleiten. Und schon bald wird auch er ihnen entgleiten.

Wenn Sie und Ihr Partner unterschiedliche Vorstellungen von Kindererziehung haben, dann sollten Sie diese nicht als Alternativen ansehen, sondern als Möglichkeiten, die man miteinander kombinieren kann.

Vergessen Sie nicht, dass Sie die Kinder nicht allein erziehen

Es sind ebenso seine Kinder wie Ihre, und er hat auch ein Recht, sich einzubringen. Außerdem muss Ihr Weg nicht zwangsläufig der richtige sein, nur weil Sie die Mutter der Kinder sind – schließlich ist er der Vater. Schließen Sie ihn also nicht aus. Bedenken und akzeptieren Sie seine Ideen und Ansätze, und Sie werden feststellen, dass es mehr Ähnlichkeiten und Überschneidungen gibt, als Sie denken. Und sprechen Sie dann über Wege, wie man Ihrer beider Ansätze miteinander verknüpfen kann.

Und wenn Sie wollen, dass aus Ihrem Partner ein guter Vater wird, dann müssen Sie ihm die Gelegenheit geben, diese Fähigkeiten auszubilden. Und das geschieht immer durch Versuch und Irrtum. Natürlich sollten Sie die Sache beobachten und eingreifen, wenn er etwas tut, das gefährlich sein könnte. Aber kontrollieren und kritisieren Sie nicht alles, was er macht, denn um zu lernen, muss er auch ein paar Fehler machen dürfen.

Seine Art, Vater zu sein, hat auch ihren Wert – Mütter und Väter sind einfach unterschiedlich. Aber er hat in seiner Erziehung auch Ideen und Werte vermittelt bekommen, die für Ihre Kinder wiederum von Nutzen sein können. Und obwohl Sie in vielen Dingen eine einheitliche Meinung vertreten sollten, ist es für Kinder auch gut, mehr als eine Position zu kennen und mehr als ein Vorbild im Leben zu haben.

Aber vergessen Sie nicht, dass, wenn Sie Ihrem Partner als Teil seiner Liebe zu Ihnen Verantwortung für die Versorgung Ihrer Kinder übertragen, er dann auch ganz unabhängig davon, wie seine Beziehung zu Ihnen ist, auch Recht hat. Und je mehr Sie ihn in das einbeziehen, was geschieht, desto bessere Eltern werden Ihre Kinder haben.

Lesen Sie dies, wenn sich alles verändert und Sie Angst haben

Eines der größten Ereignisse meines Lebens war mein erster Besuch in St. Petersburg – oder Leningrad, wie es damals hieß. Und dort wiederum war das größte Erlebnis, die gefrorene Newa zu sehen, einen Fluss, der so fest zugefroren war, dass man über ihn laufen konnte.

Am letzten Abend, als wir dort waren, um zwei Uhr in der Früh, machten mein Freund Clive und ich genau das.

Wir kletterten unter einem gelben und eisigen Himmel die verschneite Promenade hinunter, zogen unsere Mäntel fester um uns und machten uns auf den Weg über den Fluss. Am anderen Ufer sahen wir die Lichter. Wir zitterten vor Kälte und Aufregung. Als wir ungefähr die Hälfte erreicht hatten, blieben wir stehen und drehten uns langsam einmal herum, um beide Ufer des Flusses und in beiden Richtungen seine ganze Länge hinunterzusehen. Schwerer bleiartiger Himmel über uns, düstere Häuser und blinkende Lichter auf jeder Seite. Unter unseren Füßen festes Eis. Und dann kehrten wir um. Wir wussten, dass wir es geschafft hatten. Wir hatten den Fluss überquert, wir hatten unsere Ängste besiegt und waren auf dem Wasser gegangen.

Am nächsten Tag gingen Clive und ich kurz bevor wir zum Flughafen fuhren noch einmal vom Hotel zum Schauplatz unseres Sieges. Als wir auf der Promenade ankamen und uns über die Mauer lehnten, erstarrten wir. Das Eis war geschmolzen.

In den letzten vierundzwanzig Stunden hatte sich alles verändert. Die schnellen Wasser der Newa, die unter dem Eis geflossen waren, waren hervorgebrochen. Und wo Eis gewesen war, schwammen jetzt Eisschollen. Und wo unter unseren

Füßen Festigkeit gewesen war, waren jetzt breite Ströme des Flusses.

Das hatten wir in der vorangegangenen Nacht nicht bemerkt, doch jetzt wussten wir, dass das alles schon unter uns geschehen war. Zwar hatten wir gestern noch auf dem Wasser gehen können, aber heute würden wir, wenn wir den Fluss überqueren wollten, etwas völlig anderes machen.

Wenn Sie das Gefühl haben, dass sich in Ihrer Beziehung etwas verändert hat, dass Ihr Partner irgendwie anders ist oder dass die gemeinsamen Vorstellungen, die Sie hatten, sich irgendwie verschoben haben, dann kann das durchaus der Fall sein. Denn alles verändert sich, und Sie auch und Ihr Partner ebenso. Und manchmal bringt das den Boden unter Ihren Füßen zum Schmelzen.

Ja, es ist durchaus verführerisch zu glauben, dass man in der Liebe immer gleich bleibt, dass Liebe Stabilität garantiert und dass man derselbe Partner bleibt, der man immer war. Aber obwohl der Mann, neben dem Sie heute Morgen aufwachten, abgesehen von ein paar grauen Haaren mehr oder weniger, vielleicht genauso aussieht wie der Mann, den Sie einmal geheiratet haben, hat er sich in seinem Innern doch verändert. Und Sie ebenso.

Sie werden sich im Laufe Ihrer Beziehung verändern, auch wenn scheinbar keine großen Ereignisse geschehen sind oder keine entscheidenden Lebensstufen bewältigt werden mussten.

Und wenn nichts geschehen ist, so wird doch die Beziehung selbst, die Verbindungen und die Auseinandersetzungen, die Sie miteinander hatten, Sie verändert haben. Die Beschlüsse, mit denen Sie Ihre Beziehung begannen, werden nach einigen Jahren nicht mehr dieselben sein.

Ideale werden pragmatisch werden oder noch idealistischer. Ziele sind vielleicht reduziert oder noch höher gesteckt worden. Sie werden begonnen haben, andere Dinge wertzuschätzen, Freundschaft mehr als Lust, Verbindung mehr als Aufregung. Sie werden Ihre Einstellung zur Arbeit, zu Kindern, zu Freunden und Verwandten geändert haben. Sie werden jetzt andere Dinge vom Partner oder von Ihrer Beziehung erwarten. Und das muss nicht immer gut sein.

Vielleicht hat Ihr Partner jetzt mehr von dem in sich, was Sie mögen. Vielleicht aber auch weniger. Vielleicht sind Sie mehr das, was er mag. Oder weniger. Vielleicht passen Sie als Paar jetzt besser zusammen, sind enger verbunden. Oder Sie sind inzwischen sehr unterschiedlich, und die Beziehung schmilzt Ihnen langsam unter den Füßen weg. Und wenn das der Fall ist, dann brauchen Sie all Ihre Liebe und viel Mut, um die Dinge zusammenzuhalten.

Wenn Sie, Ihr Partner oder Ihre Beziehung sich verändern oder sich verändert haben, dann gilt es zunächst einmal zu verstehen, dass das ganz normal ist. Es passiert einfach, und es muss sogar passieren. Ihre Aufgabe ist, sich durch diese Zeit zu navigieren, ohne Schaden zu nehmen. Achten Sie darauf, weiter miteinander zu kommunizieren. Bleiben Sie auf dem Laufenden, was die Veränderungen angeht, die der andere in seinen Meinungen, Gefühlen und Einstellungen durchmacht. Wenn Sie es schaffen, einander weiterhin zu verstehen, dann wird, wie sehr Sie sich auch verändern, Ihre Liebe bestehen bleiben und vielleicht noch wachsen. Vor allem müssen Sie einander sagen, inwieweit sich Ihre Erwartungen an die Beziehung verändert haben. Möglicherweise wollen und brauchen Sie inzwischen voneinander andere Dinge als früher. Wenn Sie sich darüber nicht gegenseitig auf dem Laufenden halten, dann werden Sie Ihre jeweiligen Erwartungen nicht erfüllen können und enttäuscht sein.

Und geben Sie sich Zeit. Veränderungen sind vor allem zu Anfang besonders anstrengend, wenn man noch nicht genau weiß, was passieren wird, und wenn man Angst hat, dass es wehtun wird. Doch über die Wochen, Monate und Jahre werden Sie die Veränderungen in Ihrem Partner und in sich selbst zu akzeptieren beginnen und damit umzugehen lernen.

Und vergessen Sie nicht, dass es scheinen mag, als ob die Persönlichkeiten, die Sie einmal waren, und die Beziehung, die Sie einmal hatten, die einzig guten wären, nur weil es die ersten waren. Aber die Beziehung, in die Sie jetzt hineinwachsen, sogar wenn sie neue Werte, neue Gefühle und neue Vorstellungen mit sich bringt, wird viel besser sein als die, die Sie früher hatten. Also halten Sie durch.

Schon bald werden Sie den Menschen, der Ihr Partner geworden ist, noch mehr lieben als den, der er früher einmal war. Und Sie werden in Ihrer neuen Beziehung viel glücklicher sein, als Sie es in der alten waren.

Lesen Sie dies, wenn Sie noch ein wenig Motivation brauchen

In jeder Liebesbeziehung liegt nicht nur die Möglichkeit einer glücklichen Partnerschaft. Es liegt dort auch die Möglichkeit besserer, weiter entwickelter und erfüllterer Partner. Denn Liebe ist ein Gebiet, auf dem Sie viel Erfahrung gewinnen und viele Möglichkeiten, zu lernen, zu wachsen und sich zu entwickeln, erhalten.

Das bekommen Sie alles durch die leichten Teile der Liebe – das gute Gefühl über den anderen, die Erfüllung von Bedürfnissen, den guten Sex, die hervorragende Kommunikation.

Aber Sie bekommen es auch durch die schweren Teile der Liebe – das schlechte Gefühl über den anderen und die Arbeit an diesem Gefühl, das Geben, das Ihr Partner braucht, und das Lächeln, das Sie dadurch erlangen, den Sex, der nicht mehr funktioniert und beachtet werden muss, die Kommunikation, die im Sande verlaufen ist und neu aufgegriffen werden muss. All das sind Wege zu wachsen und Wege zu lieben.

Ja, Liebe ist hart und tut oft weh. Aber wenn Sie es schaffen, dann bekommen Sie nicht nur das Glück und die Zufriedenheit, die eine gute Beziehung mit sich bringt. Sie werden nicht einfach nur mehr von dem bekommen, was Sie wollen.

Es bedeutet auch, dass Sie mehr zu dem werden, der Sie sein wollen. In einer gut funktionierenden Beziehung werden Sie ein besserer Mensch werden, Sie werden verständnisvoller, toleranter, weniger machthungrig, mehr anerkennend, flexibler sein und in Ihrem Leben glücklicher sein und gleichzeitig imstande, andere glücklich zu machen.

Das ist die Grundregel. Wenn Sie einander lieben, dann werden Sie beide eher imstande sein, auch sich selbst zu lieben.

Wenn Sie sich in Ihrer Partnerschaft entwickeln, dann werden Sie sich beide auch als Persönlichkeiten weiterentwickeln.

Und wenn Ihre Beziehung so gut wird, wie sie nur irgend sein kann, dann werden auch Sie beide so gut werden, wie Sie nur irgend sein können.

Eine einfache Wahrheit über die Liebe

Nummer 19

Hier ist die schlechte Nachricht:
In der Liebe lernt man nie aus.

Denn es gibt immer neue Herausforderungen,
denen man sich stellen muss, neue Probleme, die man lösen muss,
und neue Fähigkeiten, die man erwerben muss.

Doch wenn Sie sich diesen Herausforderungen stellen,
diese Probleme lösen, diese Fähigkeiten erwerben, dann werden Sie
feststellen, dass alles viel besser ist als vorher.

Je mehr Sie zu lieben lernen, desto glücklicher werden Sie sein.
Und hier ist die gute Nachricht:
In der Liebe lernt man nie aus.

Danksagung

Dieses Buch hätte ohne das Fachwissen und die Erfahrungen von vielen Personen und Paaren, die ich kenne und mit denen ich über die Jahre hinweg beruflich und persönlich gearbeitet habe, niemals geschrieben werden können.

Deshalb möchte ich sowohl denen danken, die ihre Namen nicht genannt haben wollten, als auch den folgenden Kollegen und Freunden:

Barry; Richard Broome; Julia Cole, Ehe- und Sexualtherapeutin; Anna Dalton, Trainerin für Lebenshilfe; Barbara Grote; Jean Mann, Hypnosetherapeutin und Mitglied des British Institute of Hypnotherapists; Paul und Linda McCartney und Jeff Baker; John Seymour von den John Seymour Associates, Professional NLP Training; Corinne Sweet, Schriftstellerin, Rundfunkredakeurin, Beraterin und Kummertante beim Magazin *Top Santé*; Erica Wagner; Willem und Jane Warren Mulder; allen Leuten aus dem Büro des Chalkface Project, darunter vor allem Miranda Broadhurst.

Außerdem gilt mein ganz besonderer Dank meiner Agentin Barbara Levy für ihr Fachwissen und ihre stete Unterstützung.

Vielen Dank meinen Assistentinnen June Bulley, Suzy Faithfull, Nicola Renson und Michelle Woolley für ihre Loyalität, ihre

Unterstützung und ihre exzellente Arbeit. Und Dank an alle bei Thorsons dafür, dass sie dieses Buch in ihr Programm aufgenommen und es nachhaltig unterstützt haben, vor allem Wanda, Lizzy, Hatty und Megan.

Die Originalausgabe erschien 2000 unter dem Titel »Love Coach« bei Thorsons,
ein Unternehmen von HarperCollins, London

Der Marion von Schröder Verlag ist ein Unternehmen der
Ullstein Heyne List Verlagsgesellschaft mbH

ISBN 3-547-77630-9

Herstellung: Helga Schörnig
Satz: Gramma GmbH, München
Druck und Bindung: Pustet, Regensburg